# 少年经济学2

[韩] 金挐咏 著
[韩] 郑珍炎 绘
杨名 译

广东经济出版社
·广州·

果麦文化 出品

# 目　录

放眼世界，就要拥有看到森林而非树木的眼光 ………………… 1

介绍一下实验经济班的朋友们 ……………………………………… 7

"我在生活中找到的经济学……" ………………………………… 9

## 第一章　国际经济：
## 　　　　贸易是相互带来利益

❶ 你穿的运动鞋产地在哪里？ …………………………………… 19
　　| 通过字母游戏体验交易效果

❷ 每个人都有相对擅长的 ………………………………………… 26
　　| 通过角色扮演理解比较优势

❸ 太阳是不公平的竞争者吗？ …………………………………… 39
　　| 通过辩论了解自由贸易和保护贸易

❹ 以巨无霸的价格评价汇率是否合适 …………………………… 58
　　| 通过吃汉堡学习汇率的决定和变动

## 第二章 货币政策：稳定货币价值的努力

**❶ 如果所有国民每人都收到一笔巨款会怎么样呢？** ········· 77
　　通过商品礼包拍卖了解货币量和通货膨胀

**❷ 韩国银行无人存款的原因** ································· 92
　　通过参观货币金融博物馆了解韩国银行的作用

**❸ 1997 年发生了什么事？** ···································· 104
　　通过时间旅行表演观察外汇危机

## 第三章 公共经济学：所有为了未来的选择

**❶ 教室需要安装空气净化器** ································· 129
　　通过公共物品博弈思考公共物品生产问题

**❷ 税金应该怎么收？** ········································· 148
　　通过收税的方法解决财富和收入不均

**❸ 拯救濒临灭绝的非洲大象** ································· 160
　　玩钓鱼游戏，体验公共资源的悲剧

**❹ 让公共资源的悲剧变成喜剧** ······174
| 通过共同体协议管理公共资源的积极事例

## 第四章 | 公平经济学：
## 不只为经济利益而行动的人们

**❶ 和朋友分钱，你会怎么分？** ······189
| 通过份额博弈学习协商的技巧

**❷ 施仁政会回来吗？** ······201
| 通过信任博弈了解互惠

**❸ 以眼还眼，以牙还牙** ······211
| 通过引入处罚的公共物品博弈观察相互性

**❹ 天气越热，可乐越贵吗？** ······227
| 通过公平思维实验理解公平经济学

**尾声** ······239

# 放眼世界，就要拥有看到森林而非树木的眼光

"傻瓜，问题就是经济！"

这句话曾是美国第42任总统比尔·克林顿（Bill Clinton）的竞选口号，得到了很多人的响应。选举期间，大部分候选人都想在经济问题上赢得民心。我们的生存与经济息息相关，所以人们对经济的关注度也很高。报纸等媒体都有专门的经济版块，也有包含多个栏目的专业经济新闻。所以，我们更加需要好好理解和学习经济。

除了经济这个概念之外，预测经济现象也很难，世界都是连接在一起的，全球化的今天更是如此。俄乌冲突开始后，全球物价飞涨，美国上调利率，韩国也跟着上调利率，这种利率变动会影响股价，导致股价纷纷下跌。这样一个接一个的变化形成了一种连锁反应，这种连锁反应构

成了另一个巨大的变化。所以，预测经济现象不仅仅要看到树和树之间的关系，还需要看到包围我们的巨大的整个森林。

### 培养纵观全局的视野

好，我给大家出一道题吧！在下图中看到了什么字？

B 和 H 都发现了吗？有人只回答 B 或 H 吗？那么从现在开始一起培养纵观全局的视野吧。

如果说之前在《少年经济学 1》中学到了如何掌握每棵"经济之树"，那么在《少年经济学 2》中，我们将学习这些树组成了什么样的森林，以及这片森林如何维持和发展变化。

那么，再出一道题吧！大家觉得下图是什么？

这幅画是美国心理学家约瑟夫·贾斯特罗（Joseph Jastrow）非常有名的画，已经使用了100多年。根据视角的不同，你可以将这幅画看成兔子，也可以看成鸭子（鸭子和兔子都可以被看到）。他认为人们观察事物的时候，不仅是通过眼睛，也是通过心灵（思考方式）去看。大家看到的是什么？

像这样，我们会根据各自不同的视角看待同一事物，也会只看到眼前的局部的东西，而不是整体。那么为了转换视角，我们应该做些什么呢？

要想从另一个角度看，我们必须更加努力地去积累各种各样的经验，了解新的信息。你一定听过"知道多少就能看到多少"这句话吧？要想拥有广阔的视角，首先要意识到世界上存在着无数我们没有经历过的未知世界。

谈论经济的时候，为什么突然说起"未知世界"？因为经济是一个由多种多样、无法预测的东西交织在一起的领域。也许是因为这个原因，在经济学上讲完全相反故事的两个人都获得了诺贝尔奖。就像看成鸭子是正确的，看成兔子也是正确的一样。从现在开始，我们将通过与此相关的实验、游戏和讨论，培养预测经济现象的视角。

### ▶ 重要的是冷静的头脑和温暖的心

为了真正理解经济现象，过上更好的生活，需要具备一些必要的素质。英国经济学家阿尔弗雷德·马歇尔（Alfred Marshall）认为，经济学家应该具备的素质是冷静的头脑和温暖的心。

我认为这不仅是经济学家所应具备的素质，也是所有有生活智慧的人都应具备的素质。也就是说，要对成本和便利做出冷静分析和选择，就要有一颗心复盘这些选择究竟是为了谁。

经济这片森林是连接所有人的另一个世界。所以，就像自私会破坏我们的家园环境一样，有些选择会导致个人和社会的利益冲突。从短期的角度来看，最好的选择可能会带来长期不好的结果。如果站在全世界的角度来考虑，就应该尽可能地为自己和世界上的所有人做出好的选择，对吧？

## ▶ 去"经济森林"冒险

为做出对所有人都好的选择，我们有必要了解组成"经济森林"的国家之间如何相互影响，贸易带来的效果是什么。在本书中，我们将一起观察各国进行交易时使用的是什么货币，各国货币之间的兑换比率是如何确定的。同时，我们还将学习组成国家的要素——家庭、企业、政府等经济主体之间的关系和作用，以及国家经济稳定增长所需的条件。

就像种树的时候，水和阳光过多或过少都会成为问题一样，货币在国家经济中也存在着类似的问题。在玩游戏的同时，我们一起探讨一下：为了国家经济的平稳发展，货币的量在多大程度上合适；为了防止经济过热或停滞，国家如何调整货币的量。

最后，我们将通过各种行为经济学实验（份额博弈、信任博弈、公共物品博弈等）详细了解人的行为不仅受到经济诱因的影响，还受到照顾他人的心态、公正性和互惠性等社会规范的影响。我们将和实验经济班的朋友们一起观察和讨论在什么条件下人们的行为变得更加愿意合作，一起思考如何将结果应用到社会制度和文化中。

那么各位，准备好去名为世界的"经济森林"冒险了吗？

# 介绍一下实验经济班的朋友们

### 金娜英（娜老师）

别看我性格沉稳，平时又很安静，但我对经济教育充满热情。在实验经济班里，我是拍卖师、总统等，帮助学生们积极参与实验和游戏，让他们轻松有趣地理解经济学概念。

### 在妍  长大后想成为政治学家

我喜欢记录，每天学到的内容我都会仔细记录、整理。我从小就对公正和正义很感兴趣，也用这样的视角看待各种社会问题。因为深知经济是我们生活的重要基础，所以我进入了实验经济班。我的梦想是成为政治学家。

### 善雅  长大后想成为经济官员

我听了实验经济班的课程，就喜欢上了各种经济理论，立志要成为经济官员，助力经济实现稳定增长。大家都说我谨慎又安静，关键时刻能抓住重点。

### 昌珉  长大后想成为数理统计学家

看过我算术的人都会大吃一惊，因为我算得又快又准；我喜欢开玩笑，想说的话绝不憋在心里，有时会让别人尴尬。我的梦想是成为数理统计学家。

### 景浩 　长大后想成为整形外科医生

我擅长快速分析利弊，然后行动。我的梦想是成为整形外科医生，但我认为无论做什么工作，都要了解经济，所以参加了实验经济班。

### 诗贤 　长大后想成为产业设计师

我喜欢艺术，很感性，本来想进设计班，但是因为名额满了，所以来了实验经济班。我刚开始上课很不积极，随着学习的慢慢深入，逐渐对经济学产生了兴趣。我渐渐喜欢上了与人们心理相关的经济营销和设计，以后的目标是成为产业设计师。

### 宰俊 　长大后想成为程序员

我精通电脑等各种机器设备，上课所需的器材都是我帮忙管理的。我很诚实，偶尔会义愤填膺，看到不公正的行为，即使之后会对自己造成影响，也要纠正。我的梦想是成为一名程序员。

### 圭贤 　长大后想成为法律人

在我的字典里，遵守规则是最重要的，如果身边有耍小聪明的朋友，我会严肃地劝告他。我希望自己以后能成为一名法律人。我对税法尤其感兴趣，目前正在研究理想的征税制度。

# "我在生活中找到的经济学……"

秋季学期开始,第一天午餐时间,实验经济班的同学们匆匆吃了午饭,聚集在社团教室。

"同学们,假期过得好吗?你们不知道老师有多想你们。我们一起优雅地喝下午茶吧?"

娜老师拿着纸盒和自己烤好的玛德琳蛋糕出现了。

"哇!今天是英伦风格吗?"昌珉看着娜老师的样子,大声说。

善雅赶紧走过去帮忙。

"虽然样子有点奇怪……好吃吗?"景浩最先拿起玛德琳蛋糕吃,开玩笑地说。

"哇,真好吃!"大家都感叹着,津津有味地吃起了玛德琳蛋糕。

"假期过得开心吗？大家变得更开朗，也更帅更美了。作业也都做完了吧？"娜老师环顾着孩子们说。

"什么……作业？"宰俊惊讶地问道。

"那个，生活中的经济学！"

"没错，在生活中寻找经济学！还记得吧？"

景浩一喊，娜老师满怀期待地看着同学们问道。这时，宰俊才松了一口气。

"如果说是那个的话，我每天都在找。我在电视综艺节目中看到一个挑战：不使用中国制造的产品度过一天。有个男人自信满满地进行挑战，但因为电脑键盘和智能手机

配件是中国制造的，所以没办法用。他只坚持了三个小时左右，就坚持不下去，放弃了。"

"我也看了那个节目。有人去咖啡厅，偏偏装刨冰的碗是中国产的，所以没吃到。真可怜。"

诗贤也说看到了这个节目，宰俊点头继续说："看着那个节目，我也看了一下我的东西，不仅产于中国，还有越南、德国、日本、印度尼西亚……真的，世界各国的产品都有。这不都证明韩国和其他国家有很多贸易吗？"

"宰俊看综艺节目的时候也想到了经济啊！太棒了！全世界都通过贸易相互依存。特别是韩国，在经济中贸易所占的比重真的很大，据说贸易依存度很高。如果和外国贸易的空路、海路被阻断的话，石油就无法进口了……"

娜老师的话让在妍打了个寒战。

"想想就觉得毛骨悚然！好像无法正常生活了。我经常听说韩国的贸易依存度很高，只能对世界经济环境的变化保持敏感。"

"没错，所以一定要有能力读懂世界经济环境的变化和趋势。"

"我放假的时候去了一趟英国。前年放假的时候，1英镑可以兑换1400韩元左右，今年是1580韩元。兑换的时候也觉得英镑贵了，去伦敦一看，食物价格涨了很多，整体物价都上涨了。还有，我看到了BBC（英国广播公司）新闻中报道的'脱欧'（Brexit），受此影响生产成本上涨了。

"不仅是关税问题，以前从荷兰等欧元区直接进口的新鲜食品现在要经过检疫程序，因此会增加相应的成本。"

在妍看着记录，一丝不苟地说。

昌珉问她："英国脱欧是什么？太难了，根本不知道在说什么。"

"关注一下时事吧，英国退出欧元区称为'脱欧'。我说的可不是什么难懂的话！"在妍气鼓鼓地对昌珉说。

"没关系，可能不知道吧。对老师来说也很难啊，我们这学期上课时一个一个慢慢了解吧。"

娜老师看着在妍接着说："在妍一边兑换，一边观察汇率变化，一边去英国感受物价上涨，一边寻找原因。真了不起啊！"

"是的，我确实比以前更关心经济了。但我很好奇汇率是怎么变化的。美元、欧元、日元的汇率也每天都在变化。"听到娜老师的称赞，在妍心情舒畅地说。

"听了你们讲的故事，这学期我们应该一起学习贸易、汇率等国际经济相关的知识。"

听了娜老师的话，善雅举手说道："我很好奇利率是什么。韩国银行有预测称可能会上调基准利率。美国也宣布上调基准利率，欧洲说物价上涨可能导致利率上调。在决定基准利率时，虽然韩国银行考虑的是韩国国内的经济状况，但我看也会考虑美国或欧洲的动向再去决定报道。事实上，基准利率很重要，我知道这是由韩国银行决定的，但很难理解基准利率对我们有什么影响。所以我想知道基准利率上升会对经济产生什么影响，还有为什么要同时考虑外国的经济政策。"

"善雅果然也关注过经济政策。在了解经济趋势和思考经济政策时，对基准利率的理解是必需的。韩国银行决定基准利率，你已经知道了这对经济的影响很大，所以只要知道对我们的影响就可以了！这次我们也学习一下利率吧！"娜老师兴高采烈地说。

"我也有发现！"

这次是景浩。

"我发现一个不符合经济原理的例子！隔壁大叔开车时没有等信号灯就掉头，被人拍下来报警了！听说这个人经常出现在那里，如果有非法掉头的车辆，就会拍照报警。"

"这和经济原理有关系吗？"圭贤惊讶地问道。

"我还以为报警的人会得到补偿，但并不是这样。这不是违背了'人对经济诱因有反应'的经济原理嘛！竟然浪费时间和精力拍照报警，真是神奇的现象！"

听到景浩的话，圭贤露出了不可思议的表情。看着两人的对话，娜老师开心地说："景浩也在生活中很好地找到了经济学原理。没错，正如你所说，人必然会对经济诱因做出反应，但他为什么会不辞辛苦地做那件事呢？思考这些问题也是一起学习的好方法！听到你们的故事，我真的很期待这个学期。让我们一起逐一解开这些思考过的谜题吧！"

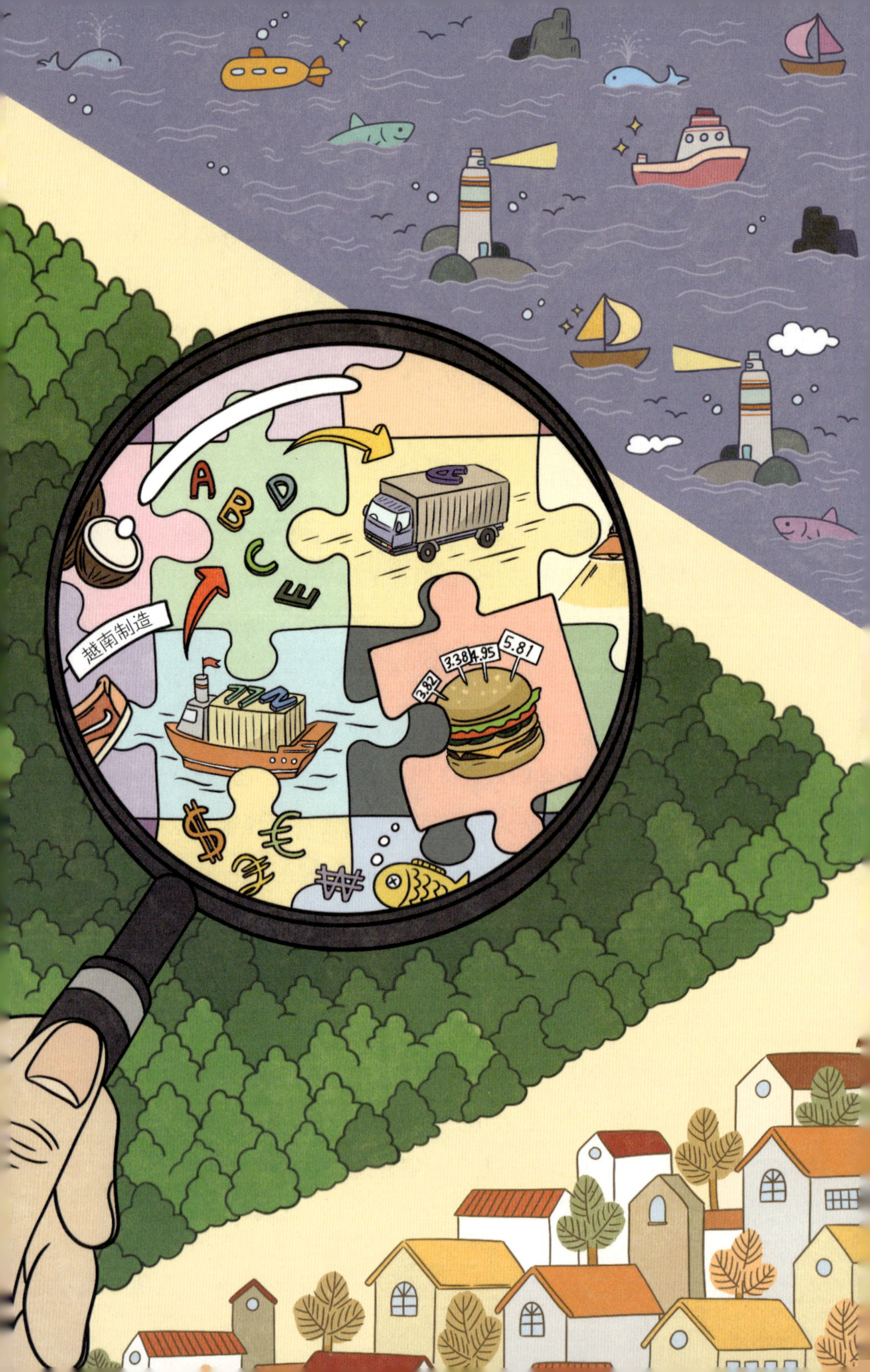
越南制造
A
B
C
D
E
3.82
3.38
4.95
5.81

第一章

# 国际经济：
## 贸易是相互带来利益

## 1

# 你穿的运动鞋产地在哪里？

**通过字母游戏体验交易效果**

"今天要做小组活动，两个人一组坐下来吧。最后剩下的一个人和我搭档！"

昌珉 – 景浩，善雅 – 在妍，诗贤 – 圭贤，宰俊 – 娜老师，这样四个组一起坐着。娜老师从拉链包里拿出五颜六色的字母磁铁，给每个小组发了一把。

"今天就用这个做组词游戏吧。用手里的字母磁铁组合成英语单词。时间是5分钟！完成的单词放在桌子上就可以了。好了，那么现在开始！"

随着娜老师的一声"开始"，大家都集中精力组合单词。

"我们一个元音都没有,没办法组成单词吧!"

"可以缩写吧?像 TV 这样!"景浩一抱怨,昌珉就在旁边说。

"是啊,缩写也可以!"

过了一会,每个小组都完成了组词。

娜老师在黑板上画了一张表(表1-1),记下了每个小组完成的单词和剩下的字母。没有元音字母,只有辅音字母的昌珉和景浩小组只能组成一个单词,还剩9个字母磁铁。

表1-1　第一次组词游戏中各组完成的单词

| 小组 | 完成的单词 | 剩下的字母 | 完成的单词个数 |
| --- | --- | --- | --- |
| 昌珉 – 景浩 | TV | C、Z、N、N、L、X、L、L、G | 1个 |
| 善雅 – 在妍 | CAT、AMAZE、BY | R、I、O | 3个 |
| 诗贤 – 圭贤 | FLOWER、PEN | G、D、A、N、I | 2个 |
| 宰俊 – 娜老师 | HONOR、BRIDGE | W、D、T | 2个 |

"善雅和在妍一起组成了3个单词,获得了冠军!"

"太过分了,是不是故意只给我们辅音字母?"

娜老师对抱怨的景浩说:"怎么可能?这次我们改变规则吧,可以和其他小组交换字母磁铁。交换的时候可以用一个交换多个。例如,可以用一个 A 换两个 C。好了,交换字母要在 5 分钟内完成!"

娜老师还没说完,孩子们就开始走来走去了。

"喂,给我们 A,N 和 L 给你。"

"我们需要 E,你们需要什么?"

大家互相寻找需要的字母,讨价还价。可能是因为这个组交换的东西在其他组重新交换了,也可能是因为元音字母很宝贵,所以在交换结束时,一个 A 能换到 3 个辅音字母。

## 国际贸易,
## 更高效利用资源的方法

过了一会,娜老师查看了每个小组完成的单词和剩下的字母,并写在了黑板上(表 1-2)。

"在第二场比赛中,宰俊和我夺冠了!"

表 1-2 第二次组词游戏中各组完成的单词

| 小组 | 完成的单词 | 剩下的字母 | 完成的单词个数 |
| --- | --- | --- | --- |
| 昌珉 – 景浩 | TAX、LAND、GO | Z | 3个 |
| 善雅 – 在妍 | COLD、CAR、BY、IN | R、Z | 4个 |
| 诗贤 – 圭贤 | VERB、FIND、WALL、PEN | W | 4个 |
| 宰俊 – 娜老师 | HI、MR、GET、ON、GOT | E | 5个 |

"这次每组的单词量都增加了!第一次的单词总量是8个,相比之下,这次是……"

"16个!"听了娜老师的话,昌珉脱口而出。

"神奇吧?这就是进行贸易的原因!不仅整体产量一直在增加,每一组的单词产量也都在增加,剩下的没用到的字母减少了。"

"啊,贸易就是win-win吗?"圭贤举起双手大拇指说。

"我也明白了。所以,假设这个教室是世界,每个小组都是国家的话,那么国家之间的贸易对彼此都有好处。"诗贤眨了眨眼睛说。

"是啊。资源在每个国家的分布不均匀。我们国家没有石油生产,就像没有元音字母一样。"

"但是通过贸易进口石油,我们的国家就可以生产产品

了，就像可以进口元音制作单词。"

景浩和昌珉说。

"而且剩下的字母，也就是剩下的资源减少了。通过贸易可以把资源送到需要的地方！"

"也就是说，通过贸易可以有效地使用资源！"

在妍和善雅总结道。

"是啊，很棒的推理，不愧是实验经济班。每个国家拥有的资源都不一样，通过交换互相获利。看看我们使用的东西吧，大家穿着的鞋子的产地在哪里？"

听完娜老师的话，孩子们脱下鞋子确认产地。

"我的运动鞋是耐克的，是越南制造的，我还以为是美国制造的呢。"

"我的是印度尼西亚制造的！"

"好了，大家确认一下自己物品的产地吧！看看有多少个国家。"

"我的铅笔盒是中国制造的！"

"我穿的衣服是中国制造的！

"比起韩国制造，从其他国家进口的东西更多。"

大家聊着各自物品的产地，很开心。

"我们经常使用的物品也是在不同的国家制造的吧？现在国家之间的合作也很多，几乎不再有人去关注产地。手机也常常由制造液晶屏的国家、制造电池的国家、进行组装的国家等多个国家共同完成生产。"

"我也听姐姐说，芭比娃娃的生产是这样的：组装是在中国大陆完成的，头发是在日本制造的，塑料是在中国台湾制造的，塑料的原料石油是从沙特进口的。"诗贤说。

"原来芭比娃娃也是经过多个国家和地区制作的呢。全世界通过贸易相互依存。今天我们一起了解了贸易是双赢，win-win，下课啦！"

# 2

# 每个人都有相对擅长的

## 通过角色扮演理解比较优势

今天实验经济班的教室环境发生了很大的变化。窗帘都拉上了,很暗,桌子上放着爆米花和可乐。

"老师,今天是电影院的风格吗?"

"没错!我们先看一部电影再开始吧。"

娜老师放的电影是《恋爱操作团》。

一个男人在教堂做礼拜时打瞌睡。他的名字叫尚勇。尚勇打瞌睡时头往后一仰,张开了嘴,这时一块口香糖掉到了嘴里——在 2 楼阳台座位上嚼口香糖的女人熙中打喷嚏时口香糖飞了出来。

荒唐、不愉快的插曲让两人的缘分开始了，尚勇喜欢上了熙中。但是因为从来没有真正谈过恋爱，所以尚勇去了恋爱操作团。尚勇身材好，又是基金经理，职业很体面的他，恋爱应该没问题。

当被问及为什么来这里时，他说："这是一种外包，把自己相对薄弱的领域交给外包企业可以让我更专注于自己擅长的领域。我对支付给你们的钱一点都不心疼。我每小时的工资是多少？把为爱情问题苦恼的时间投入工作中是多么合理的选择。"

实验经济班的同学们被尚勇的台词逗得咯咯笑。娜老师暂停电影说："刚才那句台词，你们觉得怎么样？真的合理吗？"

"哎哟，这个人好像有点搞笑呢。合理什么啊！"

听到景浩的话，娜老师笑着提议："今天，我想组织演一场戏，是关于流落在无人岛上的鲁滨孙·克鲁索和野人星期五的故事。一共两个要扮演的角色，谁愿意报名？"

可能是不好意思演，没人自愿。

"嗯，昌珉和景浩试一下怎么样？"

"什么？和那家伙在无人岛？不想。"

"老师今天请客吃炒年糕怎么样？"

"好吧！但是我要做鲁滨孙！"

昌珉摆摆手刚要拒绝，但景浩一听到炒年糕就立即答应了娜老师的提议。

"哎哟，这家伙！好吧，我给你当星期五！"

昌珉嗤嗤地说。娜老师赶紧把剧本交给了两人。

"鲁滨孙和星期五现在在无人岛，已经在那里生活了一周。两人每天花8小时摘椰子和钓鱼。鲁滨孙8小时只摘椰子的话，一共可以摘24个，同样的时间只钓鱼的话能钓到16条。星期五8小时内可以摘到12个椰子，只钓鱼就可以钓到4条。鲁滨孙比星期五更擅长摘椰子和钓鱼！那么现在开始听两个人的故事吧？好了，表演开始！"

喂，星期五。你和我一天工作8小时，每人4小时摘椰子，4小时钓鱼。

是的，那又怎么了？

我观察了一下，我在4小时内摘了12个椰子，你摘了6个。还有4小时，我钓了8条鱼，你钓了2条鱼。

（生气的表情）什么！你两项工作都做得好就自以为是吗？

29

不是那样的。我有一个好建议。我认为你一天工作 8 小时只摘椰子，我钓 6 小时的鱼，摘 2 小时的椰子，然后交换就可以了。

那我一天要摘 12 个椰子。

是的，你摘的椰子给我 6 个。然后我就给你 12 条鱼中的 3 条。照我说的做的话，你会比以前有更多吃的。

好像是个好主意。但你为什么要提出这样的建议？你两项工作都做得比我好，是不是亏了？

不，对我也是更有利的。我 6 小时能钓到 12 条鱼，其中 3 条给你，我还剩 9 条。而且我 2 小时能摘 6 个椰子，加上从你那里得到的 6 个，不就有 12 个了嘛。那样的话可以比以前有更多吃的。

（挠头）是吗？真是不敢相信……先那样试试看吧。

## 交换的好处，
## 针对相对擅长的事物采取 win-win 战略

景浩和昌珉逼真的演技让实验经济班的同学们哈哈大笑，纷纷鼓掌。

"孩子们！鲁滨孙的提议是不是很酷？"

娜老师把整理好的资料（表 1-3 和表 1-4）放在教室屏幕上。

表 1-3　鲁滨孙和星期五的生产力（工作 8 小时的产量）

| 人物角色 | 椰子 | 鱼 |
| --- | --- | --- |
| 鲁滨孙 | 24 个 | 16 条 |
| 星期五 | 12 个 | 4 条 |

表 1-4　交换与否的生产力比较

| 人物角色 | 不交换 | | 交换 | |
| --- | --- | --- | --- | --- |
| | 椰子 | 鱼 | 椰子 | 鱼 |
| 鲁滨孙 | 12 个 | 8 条 | 12 个 | 9 条 |
| 星期五 | 6 个 | 2 条 | 6 个 | 3 条 |

"鲁滨孙都做得更好,所以我觉得交换会有损失,不是吗?"

"好神奇!是什么魔法?"

"这就是交换的好处。上次玩字母游戏的时候,你们不是知道每个国家拥有的资源都不一样,所以才会进行交易吗?不仅是单纯的资源,专门生产相对擅长的东西进行交易也是 win-win!"

"相对来说做得好吗?"

"是啊。事实上鲁滨孙不是比星期五更擅长钓鱼和摘椰子吗?但通过交换获益了。因为他们专门生产彼此相对擅长的东西。相对擅长的意思是,我做那件事的时候放弃的东西比对方少。"

听到娜老师的话,昌珉眨了眨眼睛说:"啊,鲁滨孙花时间摘一个椰子的话,就得放弃 $\frac{2}{3}$ 条鱼,但是星期五摘一个椰子放弃的鱼只有 $\frac{1}{3}$ 条!这样放弃的话,意味着放弃的比较少,做得比较好!"

"原来昌珉算得这么快呢,应该是真的理解了。"

昌珉得意扬扬地接着说:"鲁滨孙为了钓一条鱼不得不放弃的椰子是 $\frac{3}{2}$ 个,星期五为了钓一条鱼而放弃的椰子有 3 个。在钓鱼方面,鲁滨孙放弃的很少吧!鲁滨孙相对比较会钓鱼！"

"没错，即使一切都不如对方，也总会有相对擅长的，这种叫作'比较优势'。如果专门生产具有比较优势的产品进行交易，发达国家和发展中国家之间的交易就会对彼此有利。"

听了娜老师的话，在妍不高兴地说："可以理解相互交易会带来好处，但是这种逻辑有问题。因为发达国家的尖端产业做得相对更好，发展中国家的单一产业做得相对更好，发展中国家什么时候才能发展尖端产业？"

"哇！你都想到这里了呀。就像在妍说的，这样会存在发展中国家的产业发展迟缓的问题。"

"如果世界要想成为公正的社会，这个问题能再考虑一下就好了。"

对于在妍的提议，娜老师微笑着说："好吧，这个问题下节课再一起思考吧。先记住交易对彼此都有好处！我们再谈谈刚刚看的电影好吗？"

"啊，那个！与恋爱操作团相比，就算尚勇恋爱和投资都做得好，如果为了计划恋爱而放弃的东西比恋爱操作团更多的话，那么交给恋爱操作团比较合理。"

"是的。但爱情不是用钱买的，不是吗？自己亲手为了爱的人准备惊喜才是真正的爱情吧？我反对用金钱来衡量合理性!"

继景浩之后,诗贤强有力地说。

"诗贤不愧是浪漫艺术家。那今天的课就结束了!"

## 数学帮帮忙

*经济概念：绝对优势，比较优势，交换利益，交易条件
*数学概念：比和比例，文字和公式

**Q1. 发达国家与发展中国家进行贸易可以获得什么好处？**

电脑和运动鞋生产效率都很高的发达国家 A 和在各方面生产效率都较低的发展中国家 B 想要进行交易。请参考表 1-5，这是两个国家投入 120 个劳动力生产 8 小时的生产效率信息。请比较两个国家的电脑和运动鞋的生产效率，了解两国进行交易分别能获得什么好处。

表 1-5　120 个劳动力生产 8 小时的生产力比较

| 国家 | 电脑 | 运动鞋 |
|---|---|---|
| A | 24 台 | 8 双 |
| B | 3 台 | 6 双 |

A 和 B 两国要想通过贸易获利，可以专门生产具有比较优势的商品进行交易。当以低于对方的机会成本生产时，我们就可以认为有比较优势。

比起 B，A 用相同的时间和劳动力能制作更多的电脑和运动鞋。当生产能力绝对出色的时候，就会产生绝对优势。A 在电脑生产和运动鞋生产上都有绝对优势，但是对比每种商品每个单位生产的机会成本，比如为了生产运动鞋而放弃的生产电脑的量，B 比 A 更少。A 为了生产一双运动鞋，必须放弃生产 3 台电脑（$24:8 = x:1$），但 B 只需要放弃 $\frac{1}{2}$ 台电脑（$3:6 = x:1$）就可以了。也就是说，在运动鞋生产方面，B 具有比较优势。表 1-6 整理了每种商品每个单位生产的机会成本。

表 1-6　生产每个单位商品的机会成本

| 国家 | 生产一台电脑的机会成本 | 生产一双运动鞋的机会成本 |
|---|---|---|
| A | 运动鞋 $\frac{1}{3}$ 双 | 电脑 3 台 |
| B | 运动鞋 2 双 | 电脑 $\frac{1}{2}$ 台 |

A 在电脑生产方面具有比较优势，因为为生产一台电脑而必须放弃的运动鞋产量低于 B。

① 对于所有商品，如果两个国家在两种商品上的生产效率之比不同，即使是生产效率低下的国家，也有一种商品具有比较优势。

## Q2. A、B 两国获得的贸易利润是多少呢？

在交易之前，我们投入 120 个劳动力，A 生产了 18 台电脑和 2 双运动鞋，B 生产了 1 台电脑和 4 双运动鞋。开始交易后，假设 A 只生产 24 台电脑，B 只生产 6 双运动鞋，然后 A 的 2 台电脑和 B 的 2 双运动鞋交换，看看产量的变化。交易结果如表 1-7 所示。

表 1-7 交易前后的产量变化

| 国家 | 交易前产量 | | 交易后产量 | | 交换后产量 | |
|---|---|---|---|---|---|---|
| | 电脑 | 运动鞋 | 电脑 | 运动鞋 | 电脑 | 运动鞋 |
| A | 18 台 | 2 双 | 24 台 | 0 双 | 22 台 | 2 双 |
| B | 1 台 | 4 双 | 0 台 | 6 双 | 2 台 | 4 双 |

两个国家的产量都比交易前增加了吧？比较优势理论认为，即使是所有商品的生产效率都落后的国家，如果专门生产比其他国家机会成本低的商品进行交易，也会对彼此有利。

## Q3. 电脑和运动鞋一定要1∶1交换吗？

不一定是1∶1。A放弃一台电脑可以生产$\frac{1}{3}$双运动鞋，B放弃一台电脑可以生产2双运动鞋。因此，如果在$1∶\frac{1}{3}$到1∶2之间交换电脑和运动鞋，双方都会得到满意的结果。当然，为了对一个国家更有利，如何决定交换比率取决于该国家的谈判能力。

# 3

# 太阳是不公平的竞争者吗？

## 通过辩论了解自由贸易和保护贸易

"今天分两个小组辩论一下吧！"

"辩论吗？"听到娜老师的提议，诗贤惊讶地问道。

"之前同学们不是通过玩字母游戏确认了进行贸易对双方都有好处吗？后来在妍说，如果发达国家只发展具有比较优势的尖端产业，而发展中国家只致力于做得相对好的单一产业，发展中国家就无法发展尖端产业了。大家都记得吧？

"今天我们一起思考一下这个问题！"

娜老师给孩子们发了两篇短文。

# 请愿书

**尊敬的议员们：**

　　我们照明企业因竞争对手的不公平竞争而蒙受巨大损失。在照明方面，竞争对手拥有非常优越的条件，已经以令人难以置信的低廉价格和优良的质量控制了市场。一旦出现竞争对手，我们的产品销售就会中断，所有消费者都会涌向竞争对手。

　　我们的竞争对手就是太阳。由于太阳在比我们更优越的条件下发射光线，我们面临着极大的困难，请制定能够纠正这种不公正情况的法律。

　　为了让所有人白天都拉上窗帘，阻挡阳光照进家里，请制定能够遮挡阳光的法律。这样国内照明产业才能发展吧？

全体照明行业从业者

## 我6岁的儿子需要找工作

我有一个6岁的儿子。目前我支付儿子衣食住行费用和教育医疗费用。儿子依靠我生活,但他已经有足够的能力自己挣生活费。与我儿子同龄的数百万孩子已经在工作赚钱了。孩子更多、更快地接触竞争,会更有助于他们的成长,未来就有更强大的精神,能承担更艰巨的工作。

大家可能会骂我是"疯子",会告诉我要保护和养育孩子。当然,如果现在把孩子推向就业市场,孩子就很难成为脑外科专家或物理学家。但是孩子可以成为机灵的擦鞋少年,也可以比别人更早成为富有的商人。

读了两篇文章的同学们反应热烈。

"这些照明行业从业者是怎么回事!太阳是竞争对手?真搞笑!"

"让我们制定一部法律,规定所有的房子白天都拉上窗帘!"

"第二篇文章也很奇怪,让6岁的儿子擦鞋?"

每个人都说这是一个可笑的请愿,说的想法根本不像话。

"老师,这和我们的讨论主题有什么关系?"宰俊问道。

"试想一下,我们国家才刚刚开始制造汽车。人们只有

购买国产汽车，国内汽车企业才能继续开发和生产汽车。如果从国外引进物美价廉的汽车会怎么样？国内汽车企业会要求停止汽车进口……"

"这不就像照明行业从业者要求阻止太阳一样吗？是这个意思吧？"

"强行阻止进口，保护国内产业，这是多么可笑的事情，还是应该进行自由贸易吧。"

宰俊一说，昌珉接着说。

"啊，也就是说，让年幼的儿子做擦鞋的工作是不合理的，刚刚开始成长的产业需要一段时间的保护？"这次是在妍发言。

"大家很快就理解了。那就以赞成和反对自由贸易的观点来分组吧！"

善雅、景浩、昌珉持赞成立场，在妍、圭贤、宰俊、诗贤持反对立场。

"那就以三对四的形式面对面坐着吧，每个小组讨论15分钟后开始辩论。可以使用智能手机查找资料！"

每个小组都有讨论时间，孩子们面对面一起搜索资料，互相交换意见，热情似火。

# 比较优势，
# 自由贸易和保护贸易，答案是什么？

好，那我们开始吧。先请持赞成立场的一组发言。看到照明行业从业者的请愿书了吧？这是多么荒唐的内容啊！进口国外低价生产的东西，研发出我们相对擅长生产的东西再出口，这样对彼此都有好处！我们父母小时候那个年代，如果去日本，就会买大象牌电饭锅回来，因为它的性能比我们国家的电饭锅好得多。你知道为什么现在外国产品蜂拥而至，我国[1]产品的竞争力却没有下降吗？我国曾经为了保护国内产业，把外国电子产品的关税定得很高，进口也受到限制。竞争变得如此缓和，国内电子产品公司就没有必要进行革新性的产品开发了。因为即使不那样做，也可以生存下去！但是一降低关税，解除进口量限制，国内电子产品公司就有了燃眉之急，生存受到威胁，于是才开发出更好的产品。只有这样竞争才能有进步！一味保护本国产

---

1 本书中涉及的"我国""本国""国内"等表述，如无特殊说明，一般指韩国。

业,最终会阻碍国内产业的发展。

你知道我们国家首次推出的汽车 Pony 吗?虽然质量不好,但深受国民喜爱。在我们的汽车产业处于起步阶段的时候,如果从国外引进很多又便宜又好的汽车,汽车产业会发展成现在这样吗?最近在街上可以看到很多外国小型车,但当时很少见,几乎不进口外国汽车,即使进口,也只进口很少的大型豪华车,当然也征收了很多关税,所以价格非常贵,这是为了保护刚开始发展的汽车产业。不管怎么说,刚开始做的话,质量和价格竞争力都会比较落后。只有本国的消费才能支持产业继续发展!是不是因为我国对新生产业进行了很长一段时间的保护,才实现了如此辉煌的增长?

没错!我不是说要一直保护,而是对于起步阶段的产业,要保护它们直到成长到一定程度。因为如果把 6 岁的儿子直接丢入竞争中的话,虽然他自己可以马上赚钱,但他也失去了成为更优秀的人的机会!

"直到成长到一定程度"这句话有多模糊?不暴露在竞争中,生存没有威胁,就会变得安逸。就家电产品而言，随着市场的开放，进入竞争之后涌现出很多好产品！

没错。而且如果无条件地保护新发展的产业，效率低下的产业可能会增加。你知道以前济州岛生产香蕉和菠萝吗？在菲律宾不需要特别的设施就能大量生产的香蕉、菠萝，如果想在我国种植，需要包括塑料大棚在内的很多设施，成本费用很高。以前外国水果也被限制进口量，加上很多关税，香蕉卖得很贵。"既然开始了香蕉产业，就要保护它"，但是如果不进口外国水果，我国消费者就会蒙受损失。主张阻止自由贸易，进行保护贸易，是在剥夺消费者低价购买各种商品的机会！

在我国，生产热带水果似乎是一个过于极端的例子。说到食物，我认为即使进口的便宜得多，我国也应该维持一定比例的粮食产量。如果在竞争力上落后的话，国家可以给予一些相应的补助。当然，在农业用地广阔的美国，大米种植成本也比我们国家低，小麦更不用说了。但是如果发生战争，出口这条路受阻怎么办呢？

即使没有战争，如果满足不了自身的需求，他们也可以拒绝出口粮食或提高出口价格。粮食可以成为武器。所以，不仅是新兴产业，国家也有必要保护农畜产业。

我国从智利开始，与很多国家签署了自由贸易协定（Free Trade Agreement，FTA）。到签订协议的时候，进口农畜产品都遭到强烈反对，但现在怎么样了呢？我们可以低价品尝到多种水果，肉类、水产品的选择也变得更加多样化了，不是吗？而且为了提高竞争力，我国水果、肉类、水产品的质量正在变得更好！你知道"草莓王"吗？是比鸡蛋大的草莓，糖度比普通草莓高很多。糖度高但热量低的高糖西红柿也很受欢迎。最近我国水果的质量在世界范围内都得到了认可，出口量也很大，这应该是为了提高商品竞争力而努力的结果吧？

因为自由贸易协定而变得困难的农户也很多。例如，与廉价的外国面粉相比，我国小麦的价格竞争力会下降。但是从远处用船运送过来的外国小麦为了在流通过程中不腐败，使用了很多防腐剂。不仅是家庭，糕点企业、面条作坊也都会以便宜为由使用外国小麦，结果损害了我国人民的健康。虽然努力培育健康的小麦，但在与外国小麦的价格竞争中受挫的国内农户很多。虽然照顾了消费者的选择权，但最终大家会因为价格竞争力而不选择国产农产品。

好像讨论太多与食物相关的内容了。让我们更专注于保护起步阶段的产业。根据比较优势理论，专门

生产并交换相对擅长的物品的话，发展中国家永远无法发展尖端产业！我想强调这一点。

没错。看，发达国家不就是帝国主义时代的列强吗？开拓殖民地，把那个国家的人当作奴隶剥削，产业得到了发展！对还在饥饿中挣扎的国家提"比较优势理论"，号称这样对彼此都好，实际上想的

是:"你们继续留在纯制造业里吧!附加值高的尖端产业我们会继续发展的。"他们还会这样说:"你们直接买不就行了吗?"

是啊!就像向刚要爬梯子的人说根本不需要梯子,然后把梯子拿走!

想象一下你们是发展中国家的消费者,想想我国汽车产业的初创期就可以了。当然,当时不能购买质量好、价格也不错的外国车,我承认这对我国消费者造成了损失。但是因为国家保护了汽车产业,所以以国内消费者的需求为基础,现代汽车才能成长。"比较优势理论"主张从一个角度来看是互利的。从长远来看,不能不考虑保护起步阶段的产业所能获得的利益。因为保护了汽车产业,所以汽车产业才在技术革新的过程中发展起来,不是吗?

不仅汽车,智能手机也是如此。虽然家电产品是在竞争中发展起来的,但那是因为有在保护期间积累的经验和实力才得以实现的!如果一开始就暴露在竞争中,产业根本就不会萌芽。

宰俊兴奋地说,娜老师也说了自己的看法。

哇，正反两方的辩论真是激烈。我国有保护初创产业才能发展的一面，也有通过竞争创造出更好产品的一面。自由贸易的好处很明显，消费者可以有多种选择。从长远来看，保护初创产业带来的技术发展对国内消费者、生产者都有好处。现代汽车和三星电子在初期都是通过产业保护增长的，但现在也通过自由贸易增长得更快。

没错！三星智能手机和现代汽车都以世界市场为舞台，所以卖得更多。

是啊。再加上生产规模越大，生产单个商品的成本就越低，既节省了成本，又有了价格竞争力。因为要和很多国家的产品竞争，所以开发出了越来越好的产品。

那么自由贸易和保护贸易都是对的吗？

主张相反的两个人都能获得诺贝尔奖，经济学就是这样的学问！赞成的一方，反对的一方都用自己的逻辑表现得很好！今天的辩论结果是平局！

不对，我们做得更好啊！

说什么呢！我们做得更好吧！

两个队都是冠军！我们去吃汉堡吧？

好啊，好啊！

汉堡面包是外国小麦做的，你们就不要吃了！

凭什么？

实验经济班的同学们说说笑笑，愉快地走向汉堡店。

## 数学帮帮忙

\* 数学概念：集合，命题

**Q1. 哪句话最适合形容智贤？**

智贤是一位31岁的女性，性格直爽，非常聪明，大学主修哲学专业，对歧视和社会正义的话题表现出浓厚的兴趣，还参与了反核示威。下列哪句话最适合形容智贤？

| |
|---|
| 智贤是小学教师。 |
| 智贤在书店工作，上瑜伽课。 |
| 智贤对女权运动很积极。 |
| 智贤是精神健康社会工作者。 |
| 智贤是银行窗口职员。 |
| 智贤是保险营销员。 |
| 智贤是积极参与女权运动的银行窗口职员。 |

--------

当被问到"智贤是'银行窗口职员'和'积极参与女权运动的银行窗口职员'哪个更适合"的时候，大部分人回答是"积极参与女权运动的银行窗口职员"。

"对女权运动很积极"的形象很适合智贤，"在书店工作，上瑜伽课"也很适合。不知为何，好像不是银行窗口职员或保险营销员。

但是比起"银行窗口职员",智贤更可能是"积极参与女权运动的银行窗口职员"。绘制集合的话,"积极参与女权运动的银行窗口职员"的集合包含在"银行窗口职员"的集合中。

这个问题是2002年获得诺贝尔经济学奖的心理学家丹尼尔·卡尼曼(Daniel Kahneman)在自己的论文中发表的内容。卡尼曼和同是心理学家的阿莫斯·特沃斯基(Amos Tversky)说:"如果我们的直觉和统计学计算结果不一样,是直觉错了,还是统计学错了?"

这个问题是直觉和逻辑相冲突的典型事例。实验经济班的同学们以自由贸易和保护贸易为主题进行了讨论。在那次讨论中,有的同学强调爱国心,有的同学以冷静的逻辑为基础展开论点。虽然大家都进行了很好的讨论,但一定要记住,在讨论的时候,比起诉诸直觉,更应该用逻辑思维来提供依据!

**Q2. 如果在妍和圭贤的对话内容都是真的，在下面的例子中哪些一定是真的呢？**

在妍：有逻辑的人喜欢经济。

圭贤：有思考能力的人是有逻辑的人。

例子：

① 没有逻辑的人不喜欢经济。

② 喜欢经济的人是有思考能力的人。

③ 没有思考能力的人不喜欢经济。

④ 没有思考能力的人不是有逻辑的人。

⑤ 不喜欢经济的人不是有思考能力的人。

---

假设条件 $p$ 是"有逻辑的人"，条件 $q$ 是"喜欢经济的人"，条件 $r$ 是"有思考能力的人"。

$p \Rightarrow q$，$r \Rightarrow p$ 两个命题都是真命题（命题是指可以明确辨别真假的句子或公式）。如果某个命题是真命题，那么否定该命题的假设和结论，并把假设和结论位置对换后的命题（称为"逆否命题"）也是真命题。

**命题 A** 有逻辑的人（假设）喜欢经济（结论）。

在命题 A 中否定假设和结论，换个位置就是：如果不喜欢经济（否定结论，将其转换为假设），就没有逻辑（否定假设，将其转换为结论）。

**命题 B** 不喜欢经济就没有逻辑。

B 为 A 的逆否命题。如果命题 A 是真的，那么它的逆否命题 B 也是真的。（命题 $p \Rightarrow q$ 的逆否命题用 $\neg q \Rightarrow \neg p$ 来表示）

如果 $p \Rightarrow q$，$r \Rightarrow p$ 是真命题，$r \Rightarrow q$ 也是真命题。也就是说，"有思考能力的人喜欢经济"。这个命题的逆否命题"不喜欢经济的人不是有思考能力的人"也是真命题。因此，例子中的⑤也是真命题。一定要记住，当给出某个真命题时，它的逆否命题也是真命题。

## Q3. 如果你是桑丘法官，会做出什么样的判决？

米格尔·德·塞万提斯·萨维德拉（Miguel de Cervantes Saavedra）的小说《堂吉诃德》讲述了以下故事：

堂吉诃德的追随者桑丘成了某个岛的法官。所有来到岛上的人都会被问及"你来这里做什么"，说实话的人会通过,但如果说谎,就会被处以绞刑。有一天,一个男人走进岛,回答说:"我是来被绞死的。"负责的士兵们很惊慌。从逻辑上讲,如果让那个男人通过的话,他就说谎了,应该处死他。但是如果处死他,他说的话就为真,所以不能处死他,只能让他通过。

如果是你,你会怎么做判决?

---

《堂吉诃德》中的桑丘说:"就让那个男人通过吧,这不是我绞尽脑汁得出的结论。这是我主人堂吉诃德的教诲,让我在难以判断的时候走慈悲之路。"

在讨论的时候或做某个决定的时候,逻辑思考是非常必要的。但是如果过于执着于逻辑,反而会无法做出合理的判断。有时需要退一步,跳出局部,从整体上去衡量。

# 4

# 以巨无霸的价格
# 评价汇率是否合适

## 通过吃汉堡学习汇率的决定和变动

到了汉堡店,娜老师向实验经济班的同学们提议:"孩子们,今天统一吃巨无霸套餐怎么样?"

"好的,很好。"

"我要吃鲜虾汉堡套餐。"景浩说。

"好吧,其他同学吃巨无霸套餐可以吗?"

"好的!"

"七个巨无霸套餐,一个鲜虾汉堡套餐!"

娜老师在柜台点餐。

## 汇率变动，
## 外汇价格也是由供需决定的

"很抱歉，让大家都点了一样的巨无霸套餐！今天我想边吃巨无霸，边聊一个话题。有人在国外吃过巨无霸吗？"

"我！我在纽约吃过。"

"我在日本吃过！"

面对娜老师的提问，宰俊和诗贤说。

"怎么样？"

"嗯，味道都差不多。"

宰俊和诗贤异口同声地回答。

"我们想象一下，因为是形状和味道都差不多的商品，所以卖同样的价格。如果巨无霸在美国是 5 美元，在韩国是 5000 韩元，韩元和美元换成几比几合适呢？"

"1 美元兑换 1000 韩元？"面对娜老师的提问，昌珉回答。

"好。如果同样的一个巨无霸可以换成 5 美元，也可以换成 5000 韩元，也就是说 5 美元可以换成 5000 韩元，那么可以看成 1 美元可以换 1000 韩元。但在实际交易美元的市场上，1 美元可以换成 1200 韩元。那么韩元的价值和实际相比，是被高估了，还是被低估了呢？"

面对娜老师的提问，宰俊歪着头说："这好复杂啊！"

"那我再问一次。实际上 1 美元和 1000 韩元具有相同的价值（购买力），如果用 1200 韩元去换 1 美元的话，我们是买贵了还是买便宜了？"

"买得好贵啊！"

"是啊，美元比实际价值贵，是不是可以说美元的价值比实际价值高？反过来想，韩元的价值比实际价值低？"

大家都点了点头。

"像美元这样的外国货币叫作'外汇'，外汇和我们的货币兑换的比率叫作'汇率'。

"如果 1 美元兑换 1000 韩元，就说'对美汇率（对美元的汇率）是 1000 韩元'，相当于用 1000 韩元购买 1 美元，所以 1000 韩元应该可以看作是美元的价格吧？"

"价格和苹果市场一样是由需求和供给决定的吗？"

善雅和在妍说。

"没错，美元等外汇交易的市场叫作'外汇市场'，汇率是由外汇的需求和供给决定的，这样在纵轴上用汇率代替价格就可以了。"娜老师在餐巾纸上画着图（图 1-1）说。

图 1-1　汇率的变化

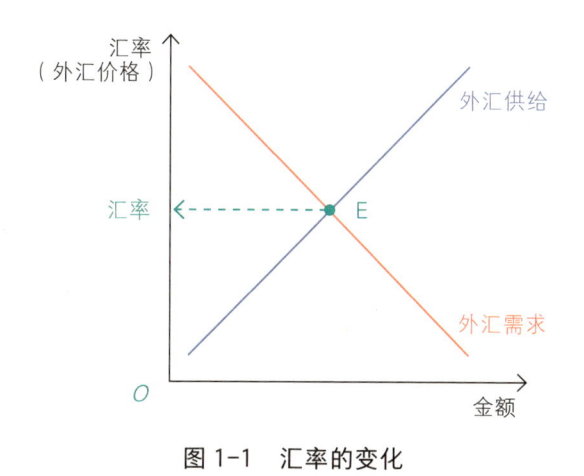

"什么时候需要美元?"

"去美国旅行的时候!"

"姐姐在美国留学,爸爸妈妈每个月都给她汇美元!"

"如果我国公司进军美国建立工厂,就需要美元。"

"进口的时候也是!要想买美国生产的产品,得付美元吧!"

实验经济班的同学们争先恐后地回答。

"没错,你们说的海外旅行、海外留学、海外投资、进口都相当于美元的'需求'。"

"那么现在您要问美元进入我国的供给了吗?"听了娜老师的话,景浩说。

"嗯，美元什么情况下会供应给我国？"

"反过来想就可以了！出口产品，会收到美元吧！"

"外国人来留学的话，也会收到美元！"

"外国人或外国公司在我国投资也是一样！"

景浩说完，诗贤和宰俊又补充说。

"没错，外商投资、外国人来留学、出口等都是美元的'供给'。我国出口多，外国人来我国旅游多、投资多，美元的供给就会增加。如果美元的供给增加，美元的价格会怎么样？"

"当然会掉下来的，就是这样！"在妍指着本子上画的图（图1-2）说道。

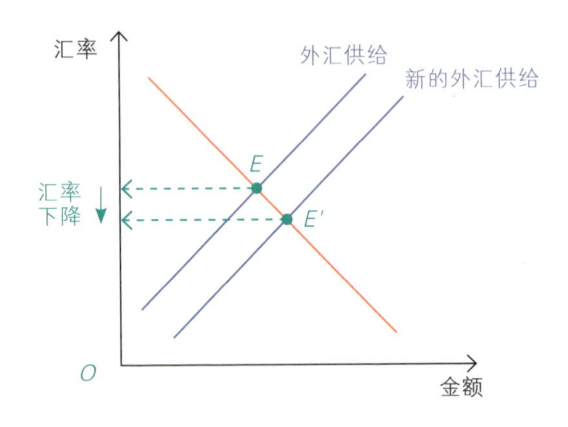

图1-2 随供给变化的汇率

"那么如果进口剧增,去海外留学或者旅游的人数激增,国内企业海外投资增加的话,会怎么样?"

"美元的价格会上涨,像下面这样。"这次也是在妍指着本子上画的图(图 1-3)回答。

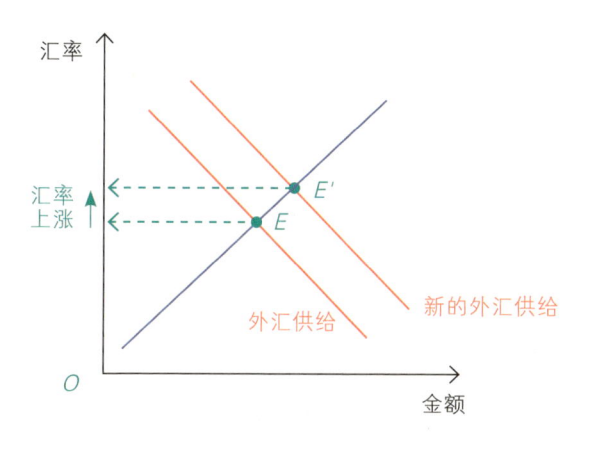

图 1-3　随需求变化的汇率

## 巨无霸指数,
## 从巨无霸的价格可以看出汇率是否合适吗?

"但是老师,说到外汇,应该有很多国家的货币,为什么一定要说美元?"

"因为那是最常用的，美国是世界经济的中心！"景浩回答了昌珉的提问。

"景浩说的只对了一半。这是因为美元是进行国际交易时最常用的结算货币（钱）。"

"其他国家的钱也在国际交易中使用吗？"

"美元、欧元、日元、英镑也能用于国际交易。这种货币被称为'国际结算货币'。在各种国际结算货币中，美元使用得最多。在我国决定汇率时，首先根据美元的需求和供应确定对美汇率，然后与其他货币进行兑换。由此确定好兑换的比率。从这个意义上说，美元也被称为'储备货币'，意思是成为基准的货币。"

"美元的汇率确实很重要。"听了娜老师的话，在妍说。

"在衡量这样决定的汇率是否能很好地反映货币的实际价值（购买力）时，经常用巨无霸来做比较（图1-4）。"

"为什么偏偏是巨无霸？"诗贤问道。

"你不是说你在日本吃的巨无霸味道也差不多吗？因为巨无霸在全世界任何地方都以同样的质量销售。如果你认为'同样的商品在任何地方都以同样的价值销售'，那么把各国的巨无霸价格换成美元的时候，价格应该是一样的吧。"

大家都忘记了饥饿，仔细地听着娜老师的话。

图1-4 巨无霸价格换算成美元的价格

"以2022年1月为准，我国巨无霸的价格为4600韩元，美国为5.81美元。可以看作'巨无霸=4600韩元=5.81美元'吧。

"那么美元和韩元的兑换比率为$\frac{4600}{5.81}≈791.74$是合适的。1美元和791.74韩元可以买同样的东西，也就是有一样的价值。这就叫'以购买力衡量的汇率'。"

"1美元换791.74韩元？太便宜了吧！"昌珉失望地说。

"以2022年1月为准，实际外汇市场交易的汇率为1美元兑1205.5韩元左右。"

"实际汇率1205.5韩元高于以购买力衡量的汇率791.74韩元，所以实际汇率中韩元的价值低于购买力。"在妍仔细地斟酌着，边记边说。

"嗯，在巨无霸价格4600韩元的基础上，应用实际汇率用美元换算的话，大概是3.82美元。"

"当时在美国是5.81美元，所以比美国便宜！我国的物价好像比美国低。"宰俊说。

"虽然巨无霸指数也会被用来比较物价，但比起这个，人们假设全世界相同的东西都应该以相同的价值出售，这样巨无霸指数就可以被用来衡量实际汇率是否合适。

"这么算的话,1 美元和 791.74 韩元的购买力是一样的,所以合适的汇率不是 791.74 韩元吗?但是实际汇率是 1205.5 韩元,所以认为韩元的价值低于购买力。就像在妍说的那样,足足低估了 34.25%。这叫'巨无霸指数'(表 1-8)。"

表 1-8　巨无霸指数(2022 年 1 月基准)

| 韩国价格 | 实际汇率 | 换算成美元价格 | 购买力基准汇率 | 实际汇率基准 |
|---|---|---|---|---|
| 4600 韩元 | 1205.5 韩元 | 3.82 美元 | 791.74 韩元 | 34.25% |

"哇,低估了 34.25%?还有比我们的货币价值低估得更厉害的国家吗?"圭贤问。

娜老师回答:"据说,日本的日元与购买力相比,实际汇率被低估了 41.7%,而俄罗斯的卢布与购买力相比足足被低估了 70%。"

"天啊!那么,有相比于购买力,高估实际汇率的国家吗?"诗贤惊讶地问道。

"嗯,只有瑞士和挪威两个国家。据说实际汇率与购买力相比,瑞士和挪威分别高出 20.2% 和 10%。看看这张图(图 1-5)。"娜老师用智能手机查找图,并给大家看。

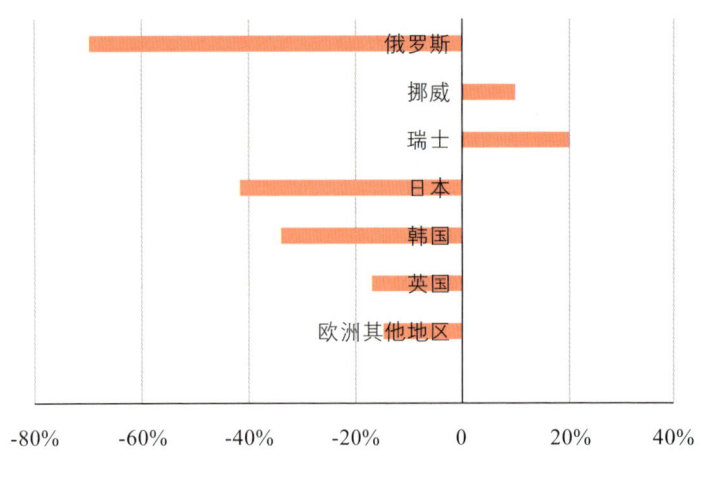

图1-5 购买力和实际汇率差距百分比

"但是用巨无霸这一种商品的购买力来评价汇率的适当性好像不准确吧?"正在专心听娜老师解释的善雅说。

"没错。也没有反映出各国对巨无霸的需求和供应、税收等决定价格的各种因素。

"即便如此,用全世界具有标准化质量的相同商品的购买力来衡量和比较汇率不是很有趣吗?"

听了娜老师的话,几个人点了点头。

"可能是因为有很多人觉得有趣,从1986年开始,英国的经济专刊《经济学人》每年都会将全世界国家的巨无霸价格换算成美元进行比较,并发布巨无霸指数。最近有星巴克指数、宜家指数等很多类似的数据。"

娜老师说完的瞬间，振动铃响了。

"哇！饭，不，汉堡出餐了！我们去拿！"

景浩和昌珉飞快地拿来了汉堡。大家等了很久，可能是饿了，都吃得很香。

## 数学帮帮忙

\* 经济概念：日元、韩元、美元的汇率
\* 数学概念：复合函数

### Q. 在以下情况下，5万韩元可以兑换多少美元？

娜老师休假时去了在日本的朋友家，学校临时安排了经济教育活动，需要她去美国出差。在去美国之前，她很着急地想在日本机场的兑换处把韩元换成美元。以兑换指南为准，如果娜老师把5万韩元换成美元，会换成多少钱？

| ￥95= ₩1000 | $1= ￥100 |

---

如果想在日本机场把5万韩元换成美元，首先要把韩元换成日元，然后再换成美元。先求出把 $x$ 韩元兑换成 $y$ 日元的关系式。

1000 韩元：95 日元 $=x:y$，所以两者的关系式是 $y=\dfrac{95}{1000}x$。这个关系式就叫 $f(x)$ 吧。$f(x)=\dfrac{19}{200}x$。

我还想求一个把 $y$ 日元兑换成 $z$ 美元的关系式。

100 日元：1 美元 $=y:z$，所以 $z=\dfrac{y}{100}$。

那么关系式是 $g(y)=\dfrac{y}{100}$。

为了把 $x$ 韩元兑换成 $z$ 美元，应该先把韩元换成日元，然后再把日元换成美元。$y=f(x)=\frac{19}{200}x$ 的 $x$ 值中代入要兑换的韩元的金额，求出 $y$ 值（函数值），然后在 $g(y)=\frac{y}{100}$ 中把它代入 $y$ 值求出即可。

两个变量的关系不是叫函数吗？韩元和日元之间的关系是函数 $f(x)$，日元和美元之间的关系是函数 $g(y)$。

这两个函数能不能一次加起来，建立韩元和美元之间的关系式呢？那样的话，不用计算两次，一次就能知道 $x$ 韩元是多少美元。想想前面计算的过程，相当于在函数 $g(y)$ 的 $y$ 值中代入了函数 $f(x)$ 的值。

如果重新求公式，$g[f(x)]=g(\frac{19}{200}x)=\frac{1}{100}\times\frac{19}{200}x=\frac{19}{20000}x$。

如果你想知道 5 万韩元可以兑换多少美元，那么直接把 5 万韩元代入 $\frac{19}{20000}x$ 就能求出。

$19\times 50000\div 20000=47.5$，如果兑换 5 万韩元，你会得到 47.5 美元。

这样将两个函数（关系）连接成一个函数称为"复合函数"。将函数 $f(x)$ 的值代入函数 $g(y)$ 的复合函数写成 $g[f(x)]$。

> 经济概念小贴士

## 自由贸易协定和汇率变动都有两面性

**（1）自由贸易协定的影响**

自由贸易协定是指约定缔约国之间的商品和服务贸易自由，逐步消除过境时征收的关税或进口量限制等贸易壁垒，使商品和服务可以自由交易。韩国于2004年首次与智利签署自由贸易协定，此后与美国、欧盟、中国等许多国家和地区签署了自由贸易协定。但是每当有签署自由贸易协定的消息时，都会有很多反对示威。

前面我们知道了"比较优势理论"，如果专门生产并交易相对擅长的东西，对参与交易的国家都有利。通过自由贸易，可以用同样的资源生产更多的商品。但并不是所有人都拥护自由贸易，也有经济学家反对。他们还主张，发展中国家很难发展附加值高的产业，这会使发达国家和发展中国家的差距进一步拉大。

签订自由贸易协定，即使对两国都有利，也会有人吃亏。当澳大利亚产牛肉、智利产葡萄酒价格低廉时，消费

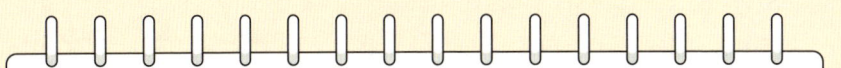

者的选择范围会扩大，这对国内畜牧业和葡萄酒企业不是利好。因为每个国民所处的情况不同，价值观也不同，所以有人认为自由贸易的利大于弊，也有人认为自由贸易的弊大于利。

> **经济用语**
>
> - **自由贸易协定**：通过消除关税和贸易壁垒，给予缔约国排他性优惠的协定。

### （2）汇率变动就像草鞋贩子和木鞋贩子的故事一样

下雨时，母亲担心卖草鞋的儿子；阳光明媚时，母亲担心卖木鞋的儿子。你听过这个故事吗？这位母亲不管在雨天还是晴天都不会完全开心，也不会完全失落。

那么汇率是上涨好呢，还是下跌好呢？这个问题有两面性，就像草鞋贩子和木鞋贩子的故事一样。如果汇率上升，出口企业会获益更多，但进口企业会变得困难。如果汇率上升，货币贬值，商品出口时，用美元标示价格就会便宜，就会利于出口。相反，进口商品的标价会上涨，进口企业可能会蒙受损失。去国外旅行或留学的话，汇率下降就会比较有利吧？

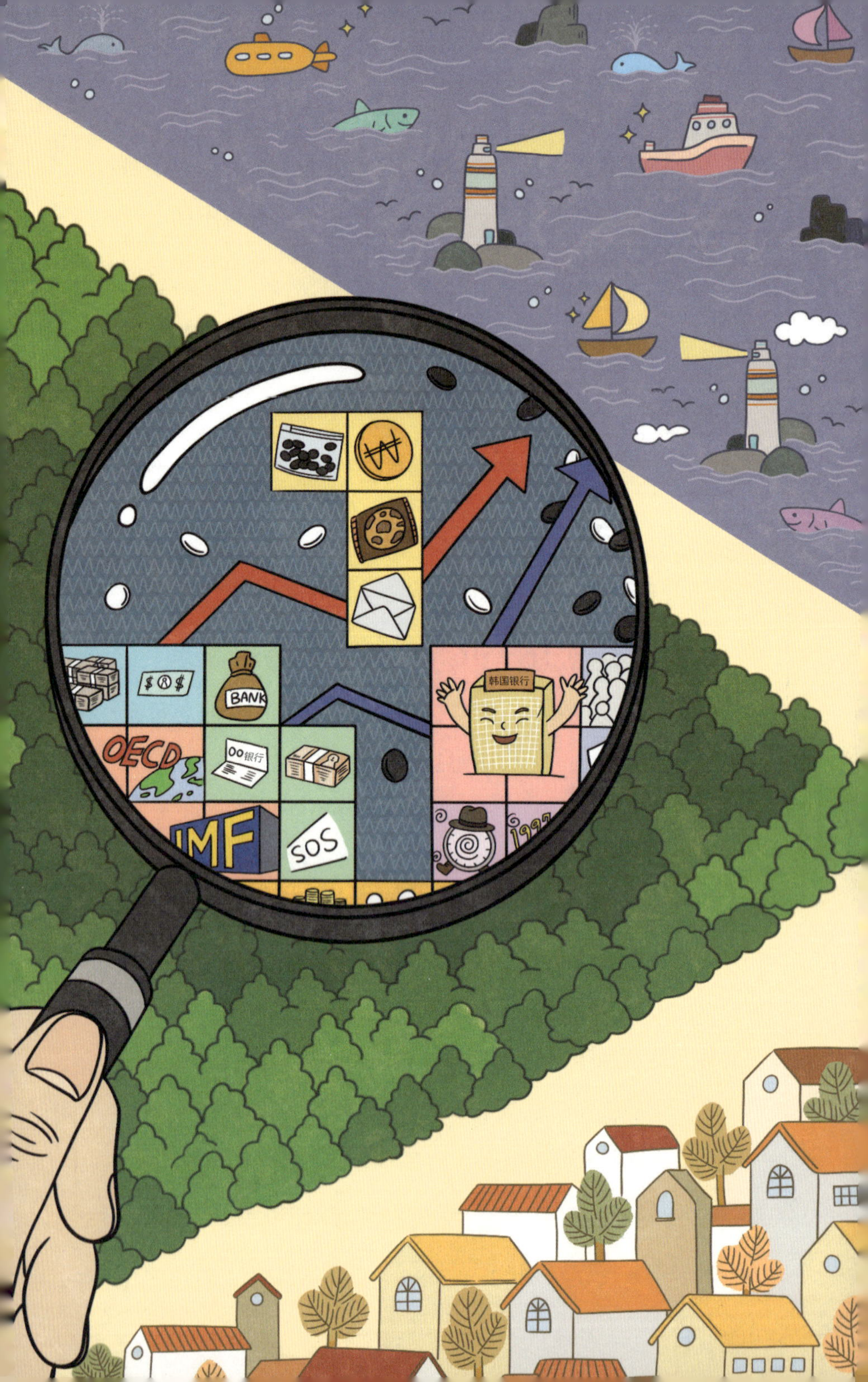
BANK
OECD
OO银行
IMF
SOS
韩国银行

第二章

# 货币政策：
## 稳定货币价值的努力

# 1

# 如果所有国民每人都收到一笔巨款会怎么样呢?

## 通过商品礼包拍卖了解货币量和通货膨胀

"同学们,你们好呀!"

"啊?哈哈哈!老师您今天是总统吗?"

娜老师戴着总统面具走上讲台,严肃地说:"各位亲爱的国民,最近经济不景气,大家都很担心吧?为了帮助每一个家庭,我准备了礼物,将为所有国民发放1亿韩元,你们觉得怎么样?觉得好的话请鼓掌。"

"哎呀,得能让人相信才行啊。"昌珉憋着笑说。

"真的发哦。如果真的发会收下吗?"

面对娜老师的提问,昌珉边鼓掌边回答道:"是真的当然好了。太好了。"

"那圭贤你怎么认为呢?"

"好呀,我也觉得好。"

"但是,那么多的钱从哪里来呢?"

在妍疑惑地问娜老师,娜老师马上回答道:"印钱就可以了。"

## <u>货币量增加,</u>
## <u>为什么商品礼包的价格会上升?</u>

摘下总统面具的娜老师若无其事地说:"同学们,听说总统刚来过?还说要给所有国民都发1亿韩元?如果我们每人都收到1亿韩元会发生什么呢?想象一下,我们都能进行哪些消费呢?"

娜老师在黑板上画了一个巨大的篮子。

"圆珠笔!"

"衣服!"

"游戏!"

"比萨,面包!"

娜老师在大篮子里写了孩子们说的各种产品。

"现在这个篮子里有我们使用的各种各样的产品。"

娜老师从讲台下面拿出3个厚厚的信封和装满黑色围棋的拉链袋,说:"这个信封就是这个篮子。"

信封上写着"商品礼包"。

"现在要开始拍卖了。"娜老师一边兴奋地说,一边把拉链袋里的黑色围棋一把一把分给同学们。

因为是大概抓的,所以每个人的分量参差不齐。

"老师!您偏心善雅和在妍,您怎么只给她们分得多呢!这不公平!"昌珉和老师计较起来。

"世界上本来就没有绝对的公平,不是吗?

"那我们开始拍卖吧?黑色棋子每个代表1000韩元,大家各自确认一下自己有多少钱,也可以几个人联合起来参加拍卖。"

娜老师开始扮演拍卖师,拿着商品礼包(信封)开始拍卖。

"我们将拍卖这些商品礼包,礼包中有我们日常消费的各种商品和服务。竞拍从1000韩元开始。"

娜老师的话音刚落,昌珉就喊道:"1000韩元!"

拍卖就这样开始了，价格逐渐涨到 3000 韩元、10000 韩元，最后昌珉和在妍一起喊道："15000 韩元！"

"好的，15000 韩元成交。"

在妍和昌珉一收到商品礼包，就马上打开确认里面有什么。

"啊，是饼干！巧克力曲奇上写着'汽车'呢。现在就可以吃了吗？"饼干上贴着的便笺纸上写着"汽车"，昌珉指着便笺纸说。

娜老师在黑板上写下了成交价格，然后又拿着装满黑色围棋的拉链包说："现在每颗棋子还是 1000 韩元。"

"请多给点儿棋子吧，刚刚您给的太少啦！"

在昌珉的恳求声中，娜老师带着神秘的微笑把棋子一把一把分给大家，这次也是分得有些不大均匀。

"刚才剩下的棋子和新得到的棋子都是 1000 韩元的货币。大家计算一下各自拿了多少钱。"

娜老师再次拿着写有"商品礼包"的信封开始了第二次拍卖。

"好，开始拍卖。从最低价 1000 韩元开始！"

"5000 韩元！"

"6000 韩元！"

"7000 韩元！"

竞标价格持续上涨，瞬间突破了3万韩元。

"34000韩元！"圭贤一喊，顿时一片寂静。

"还有吗？没有的话，就成交了……"

"35000韩元！"善雅喊完后，又安静了下来。

"现在真的可以成交了吗？没有人出更高的价格，就成交了哦。3，2，1，时间到！以35000韩元拍给了善雅！"

娜老师把信封给了善雅。当善雅想把信封直接放进包里时，圭贤说："哎呀，拿出来一起吃吧！很好奇饼干上贴了什么东西！"

圭贤和善雅开心地打开信封翻看。

"汽车、冰箱、大米、石油……有很多东西呢。但是贴着'石油'标签的草莓饼可以吃吗？"

娜老师在黑板上写下35000韩元的成交价格后，又拿出了放在讲台上的拉链袋。这次拉链袋里装满了白色围棋。

"来，各位！这里每个白色棋子代表5000韩元！"

"哇！这次多给我点吧！不要给已经成交的同学！"

虽然景浩焦急地喊着，但是娜老师却自顾自地在教室里转悠，给同学们分发拉链袋里的白色围棋子。

"来吧！刚才剩下的黑棋子也可以用。大家确认一下自己拥有的金额！这是最后一包商品了！

"开始拍卖！从最低价1000韩元开始。"

"2万韩元！"这次是圭贤喊着2万韩元开始的。

"哇，起始价是2万韩元吗？也太高了啊！"

"3万韩元！"

"35000韩元！"

"5万韩元！"

"不是，各位，本来可以只涨1000韩元的……"娜老师惊讶地说，但竞标价格却上涨得更快。

"17万韩元!"

"173000韩元!"

"174000韩元!"

想着"噢耶!这次可以成交了!"的圭贤要站起来的瞬间,教室的一侧爆发出最后的呐喊。

"175000韩元!"这次是一直默默观察的诗贤。

"还有吗?3,2,1,时间到!最后一包商品被诗贤买走了。175000韩元!"

"好可惜!诗贤你什么话都没说,怎么可以这样?"

圭贤好像对错过商品礼包感到很生气,诗贤默默地接过了商品礼包。

娜老师在黑板上写了第三次拍卖的成交价格,并在表(表2-1)中的最后一栏写上了"通货量"这个词。

表2-1 商品礼包的成交价格

| 拍卖 | 第一次拍卖 | 第二次拍卖 | 第三次拍卖 |
| --- | --- | --- | --- |
| 拍卖品 | 商品礼包1 | 商品礼包2 | 商品礼包3 |
| 成交价 | 15000韩元 | 35000韩元 | 175000韩元 |
| 通货量 | | | |

"老师,通货量是什么啊?和电话通话有关吗?"

听到景浩的提问，宰俊耸耸肩说："说的是钱！"

"嗯，准确地说就是'市面上流通的货币的量'。通货量中的'通'是流通的意思，'货'是货币，'量'就是多少。合起来就是流通的货币的量。"

"流通到底意味着什么？"善雅问道。

"是指民间使用的资金量。'民间'这个词有点难吧？参与经济活动的主体是家庭、企业、政府。家庭是消费主体的家家户户中的我们，企业是成为生产主体的公司，政府，顾名思义就是政府机关。家庭和企业合称为'民间'。政府有钱如果不花，那钱就不会在民间流通了吧？有的银行也是国家机构，如果银行没有流通，那么钱就不会进入通货量。想想刚才的情况，假如我是银行的话，我给你们分棋子之前的情况相当于钱应该已经印好了，但是还没有发放到民间对吧？那么——"

"这就不是通货量。"孩子们异口同声地回答。

"对，分给你们多少就有多少通货量。你们按照商品礼包的价格重新给我钱，就相当于钱流入了银行，所以要从通货量中扣除。那我们计算一下 3 个商品礼包卖出去时各自的通货量是多少吧。"

"啊，怎么算啊？"

"只要用乘法、减法就可以了，所以不难。我刚刚不是从一个拉链包中拿出黑色棋子分给你们吗,那正好是100个。那么'100个×1000韩元=100000韩元',也就是说,10万韩元在我们教室流通了。市面上流通的钱,即通货量为10万韩元的时候,商品礼包以15000韩元成交,我收了15000韩元。再次给你们发了100个黑色棋子,然后开始拍卖第二个商品礼包,那么这时候的通货量是多少呢?"

"老师,不,银行分两次发放了200个黑色棋子,当然是20万韩元了!"

昌珉迅速地回答后,在妍接话说:"我们成交商品礼包时给的15000韩元要扣除出来,所以应该是185000韩元吧。"

"真聪明,答对了!我从昌珉和在妍那里收到的15000韩元不是再回到民间的钱,减去这个金额,剩下的185000韩元是正确的。通货量为185000韩元时,商品礼包以35000韩元成交。你们在这里有没有发现什么规律?"

"因为流通的钱很多,所以商品礼包价格上涨了。"

"景浩 bingo！通货量增加的话，商品礼包的价格就会上升。那我们计算一下卖第三个商品礼包时通货量是多少。我分了100个白棋子，一个5000韩元，那么通货量是多少呢？"

"首先在通货量为185000韩元的情况下，以35000韩元的价格成交商品，然后把钱交给了代表银行的老师，所以15万韩元留给了'民间'的我们，但是老师多发了'100个×5000韩元=50万韩元'，所以是'15万韩元+50万韩元=65万韩元'。"在妍精确地整理了一下计算结果（表2-2）。

"通货量为65万韩元时，商品礼包的交易价格是175000韩元。通货量与商品礼包的价格看起来确实有关系吧？"

表2-2　商品礼包拍卖结果

| 拍卖 | 第一次拍卖 | 第二次拍卖 | 第三次拍卖 |
| --- | --- | --- | --- |
| 拍卖品 | 商品礼包1 | 商品礼包2 | 商品礼包3 |
| 成交价 | 15000韩元 | 35000韩元 | 175000韩元 |
| 通货量 | 100000韩元 | 185000韩元 | 650000韩元 |

娜老师把前面说明的内容用图（图 2-1）表示了出来。

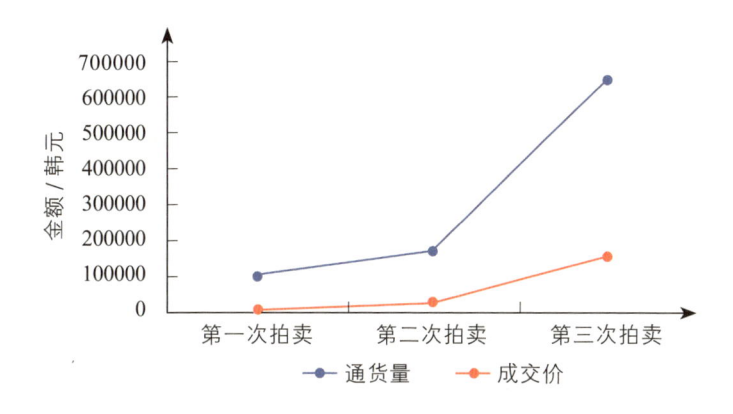

图 2-1　商品礼包拍卖结果

# 通货膨胀，
# 通货量过大时发生的情况

"看到蓝色的通货量曲线和红色的商品礼包成交价曲线一起移动了吧？通货量增加的话，物价也会随之上升！那么在这里提问，物价是什么？"

"物价？不是价格吗？"诗贤说。

"不是价格，而是物价！二者的差异是什么？"

"嗯，好像差不多啊！"回答问题的诗贤和其他同学都流露出模棱两可的表情。

"今天走进教室时,让大家说说自己想买的商品,还记得大篮子里写的东西吗?那些商品打包在一起拍卖,这才是重点!不是说一个商品,而是说我们消费的各种物品的价格。价格是指某一商品的价格,物价是指包括所有消费物品的价格。"

"啊!所以老师才在商品礼包里的零食上贴上了'汽车''大米'的标签啊?"

"善雅说得对,是为了显示我们消费的全部物品。物价上涨的原因很多,但通货量增加,物价必然会上涨。物价持续上涨的现象叫作'通货膨胀'。通货膨胀的原因很多,但是很突然又严重的通货膨胀,即'恶性通货膨胀',大致是由货币量增加引起的。有人听说过'马杜罗式节食'这个词吗?"

"什么?说通货量和通货膨胀的时候为什么突然提到节食减肥?"听到娜老师的问题,昌珉惊讶地说道。

"嗯,顾名思义就是减肥!2018年委内瑞拉发生了恶性通货膨胀,经济极度困难,国民吃不起东西,平均体重减少了11千克。和上年物价相比,物价上涨率达到170%——相当可怕的数字吧?据说当时委内瑞拉的货币价值非常低,所以用钱制作工艺品出售。让我们一起来看看相关照片（图 2-2 和图 2-3）吧。"

图 2-2　委内瑞拉纸币和美元比较

看着发生超级通货膨胀时委内瑞拉的照片，娜老师说："2008 年非洲津巴布韦也曾发生过类似的事情。物价上涨得非常快，以至于有人说'吃午饭前支付午餐费比吃完午饭后支付更便宜'。为了买一杯啤酒，不得不装一大堆钱。所以出现了面值 100 万亿的津巴布韦币（图 2-3），用 100 万亿津巴布韦币勉强能买到 3 个鸡蛋。像这样，如果通货量过多，货币价值就会暴跌。"

图 2-3　超级通货膨胀后出现的面值 100 万亿的津巴布韦币

"我也听说过。以前好像是德国，据说钱要么捆起来用作柴火，要么像垃圾一样散落一地。我还看过孩子们玩钱币的照片，那是什么时候？"圭贤问道。

"历史上曾发生过超级通货膨胀的情况。这是第一次世界大战后，20 世纪 20 年代发生的事情。原因是发动第一次世界大战的德国为了巨额的战争赔偿金，印制了很多钱。如果因为需要钱而多造钱的话，就会出现这样的问题。我给你们看一个与此相关的短视频。"

视频中出现了第一次世界大战后德国的样子。当时一位律师说，把 20 年来积攒的积蓄换成了一个面包。还出现了用钱当柴火的女人。2008 年左右还出现了津巴布韦的情景，可以看到用 100 万亿津巴布韦币购买 3 个鸡蛋的场面。

5 分钟的视频结束后，娜老师又戴着总统面具出现了。

"我是来兑现承诺的，给所有国民每人 1 亿韩元！"

听到娜老师的话，实验经济班的同学都摆手了。

"不！算了！那样钱的价值就变成大粪价了！"

"喂，什么叫大粪价！怪脏的……"

"我也不喜欢！"

看到同学们的反应，娜老师摘下面具说："看来今天的课效果不错啊！大家反应完全不一样了！那就当我没说过要给 1 亿韩元吧。今天的课结束了！"

# 2

# 韩国银行无人存款的原因

通过参观货币金融博物馆了解韩国银行的作用

← 金娜英老师

今天去参观学习。实验经济班的同学们，请到学校体育馆前的小巴士这里来。

收到娜老师的短信后，实验经济班的同学们好奇地登上了小巴士。

坐在巴士前座的娜老师热情地打招呼:"大家好!今天要去现场参观学习。大家系好安全带,出发吧!司机师傅,请安全驾驶!"

大约20分钟后,小巴士就像时光机一样,带大家来到了陌生的旧式石头建筑前。

"到了,孩子们。下车吧!"

"这是哪里?"

刚下小巴士,孩子们就瞪大了眼睛。

"韩国银行?"

"对!欢迎来到韩国银行运营的货币金融博物馆。提个问题,韩国银行是银行吗?"

"是的!这不是理所当然的吗?"

"不是!"

宰俊和诗贤各自给出了不同的答案。

"两个人都答对了!"

"什么?两个都对吗?"

"因为韩国银行虽然不是面向普通人的银行,但却是'银行的银行'。"

"银行的银行……是借钱给银行吗?"景浩问道。

"大概是那样的。韩国银行不是我们能交易的银行。我们使用的新韩、国民、友利、韩亚银行等银行是普通银行。

我们如果存钱的话,不是全部由普通银行保管,普通银行只保管一部分。"

"啊,那我存的钱去哪里了呢?真让人不安啊!"昌珉用双手捂着头说。

在妍回答说:"不用担心。如果人们把钱存入银行,银行只会留下其中的一部分,还有一部分会借给其他人或公司,或者投资到别的地方!"

"那银行不就是诈骗犯吗?万一存钱的人同时来取钱怎么办?"

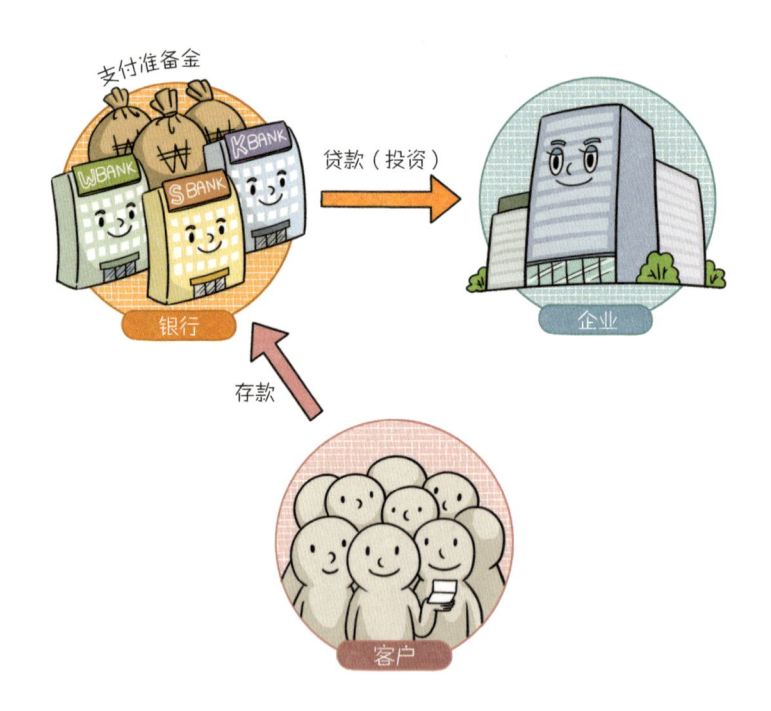

听到昌珉和在妍的对话，娜老师插话说："这就是关键！我觉得不是每个人都会来一次性取走存款。所以，银行只留一部分钱，这部分钱叫'支付准备金'。法律规定，银行要拥有一定比例的支付准备金。但是也会有人来取比银行剩下的钱更多的钱吧？"

"是的，当然了。那样的情况应该也很多吧！"昌珉兴奋地说。

"既然进了博物馆，我们就稍微放低声音说话吧。普通

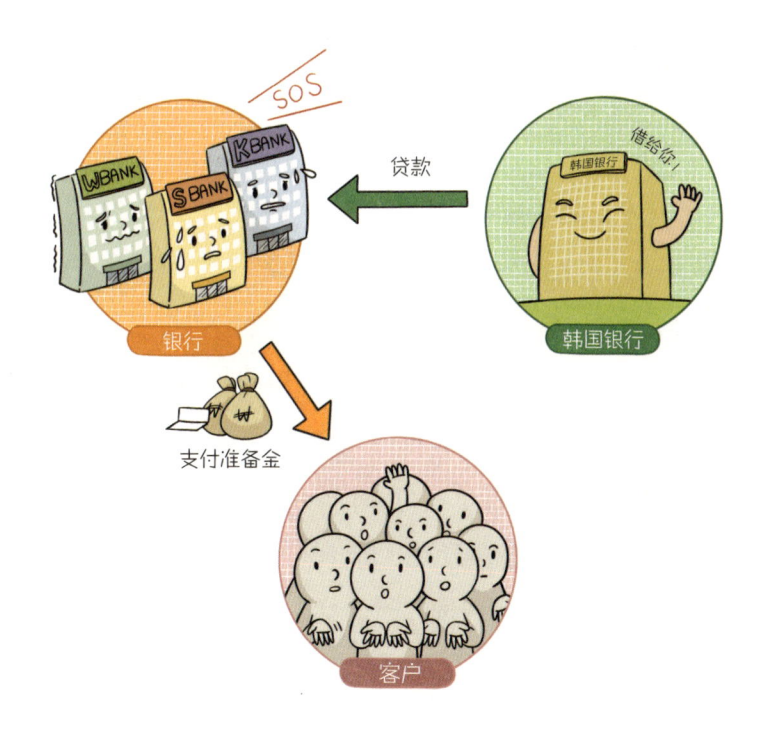

银行向韩国银行贷款,在偿还借来的钱时,当然还要加上利息作为回报。"

"所以刚才说韩国银行既是银行,又不是银行?"诗贤点点头说。

"我们开始参观一下博物馆吧!这次现场学习有任务。好,第一个任务!弄清楚韩国银行做的最重要的事情是什么。"

"唉,太难了吧!没有提示就让我们找吗?"

大家都在嘟嘟囔囔,不知任务的答案在哪里,认真地东张西望,跟着娜老师走向二楼。二楼的大门前写着"旧金融货币委员会会议室",大家走进房间,看到了VR(虚拟现实)设备。

"只看到名字就叫人头疼的地方居然是VR体验!"同学们兴高采烈地喊道。

"听说可以体验VR!试试这个!"

大家各自拿到一个VR设备后,用手机下载"韩国银行金融货币委员会"应用程序,将其插入设备中。

"这是开会时的样子,和墙上的画一模一样!"

"是啊,地上还有韩国银行大楼!"

大家就像在进行时间旅行一样,看着以前金融货币委员会会议的情形,听着说话的声音,身临其境体验着。

"新版纸币……基准利率是……为了稳定物价……"

善雅在脑海中反复思考内容,努力不忘记。

"你听到了吗?稳定物价、基准利率之类的?"

善雅问正在认真记笔记的在妍。

"嗯,我也听到了。这好像是韩国银行做的事情。"

两人环顾四周,发现了介绍内容。

"就是这个!在妍,把本子拿出来。"

金融货币委员会是决定韩国银行货币信用政策及运营相关重要事项的机构……召开一次定期会议,会议将讨论稳定物价的政策、新货币的发行、基准利率等内容[1]。

"老师,我们找到答案了!"

在妍和善雅跑向娜老师,一边展示本子上的内容一边说。

"韩国银行是实行货币信用政策的机构,致力于稳定物价和制定基准利率。"

"对,实验经济班的同学们!大家到这里来集合!大家都完成任务了吗?"

"稳定物价的政策!"

"我也找到了。基准利率调整!"

实验经济班的同学都说了各自调查的内容。娜老师从

---

1 资料来源:韩国银行货币金融博物馆旧金融货币委员会会议室介绍内容。

书包里拿出七支铅笔分给每个人。

"做得好！每人拿一个礼物吧。"

"这是礼物吗？我们有很多铅笔。"景浩嘟囔着说。

"孩子们，这是一支特别的铅笔。看看铅笔的上面。"

听完娜老师的话，大家都观察起了铅笔。

"什么呀？透明部分里面有剪碎的纸吗？"

"因为太旧了，所以把需要处理的纸币粉碎了。"娜老师说。

"我收到的铅笔是绿色的，应该是1万韩元的吧？"

"我收到的是橘黄色，所以是5万韩元的纸币？"

"如果钱太旧了不能用的话，就会这样粉碎掉。"

"虽然我们答对了，但不知道货币政策是什么，请告诉我们吧。"

## 基准利率，
## 应对经济衰退和过热的方法

娜老师没有回答，而是翻了翻包，拿出缩印的模拟纸币，每人分发了25000韩元。然后拿出写有"债券"字样的白色信封说："假设我是韩国银行，这个信封是韩国银行发行的债券。你们现在花 2 万韩元买的话，我答应你们三个月后给你们 22000 韩元。利息用现金支付！谁想买债券？"

对于娜老师的提议，大家纷纷高喊"我！我！"。娜老师把债券卖给七个同学，共收了 14 万韩元。

"让我看看，我不是收了 14 万韩元嘛。大家手里剩下的钱总共是 35000 韩元。我作为韩国银行，以好的条件卖了债券，这样一来，市面上的钱也就是通货量减少了很多。

"因为韩国银行持有的钱不是通货量。货币量太多，出现问题时，韩国银行会采取这样的政策，出售债券来减少货币量。相反，如果市场上的资金周转不灵，想增加通货量，就以好的条件购买以前出售的债券。除了韩国银行以外，国家和公共机构发行的国债和公债也要以好的条件出售或购买，适当调整通货量。"

"以好的条件购买是指什么？"圭贤问道。

"多给利息不是很好的条件吗？还没到期就支付到期应该给的利息。"昌珉回答了圭贤的问题。

"有这个可能。既然说到了，就展开说说吧。控制货币量最重要的手段就是调整利率。韩国银行制定了以利率体系为标准的利率，这叫'基准利率'。"

"我从新闻里听到'韩国银行将基准利率下调了 0.25 个

百分点'。"

"在妍知道得很清楚啊。利率高的话，对企业来说贷款费用会很高，所以应该少借吧？相反，利率低的话，可以借很多钱。企业在购买新机器或扩大业务时，一般都是从银行借钱。但是利率上涨的话，企业会有相应的负担，所以会减少事业扩张。如果经济过热的话，市场上的钱会很多，物价也很有可能上涨。这时韩国银行会提高基准利率。相反，在经济萧条的时候，降低基准利率，增加贷款，那么企业会投资新的事业或增加设施吧？韩国银行金融货币委员会定期制定并公布基准利率。"

"降低利率意味着经济不景气吗？"

"算是吧。但是上调利率并不意味着经济一定会好转。"

"那又是为什么？"善雅再次提问。

"因为经济不只是在我国境内运转，资本市场也是国际化的。例如，如果美国维持低利率，我国的利率比这高的话，海外资本可能会流入我国。但是美国提高了利率，利率比我国高了，流入我国的海外资本可能会流出到美国吧？如果海外资本突然流出，可能会对我国经济造成巨大冲击。所以即使韩国经济不景气，也要根据国际情况上调利率。"

"哎哟，真复杂。"景浩摇摇头说。

"全世界都联系在一起，所以只能这样。但是基本的货币政策理解了吧？我再给你们整理一下：在经济萧条的时候，韩国银行会降低利率，以好的条件购买国债；经济过热的时候会提高利率，以好的条件出售国债。"

## 数学帮帮忙

\* 经济概念：基准利率，货币政策
\* 数学概念：百分比，百分点

**Q. "基准利率上调 0.25 个百分点"中，百分点是什么？**

上调或下调基准利率时，通常变化 0.25 个百分点（25bp[1]）。就像下面一篇报道中出现的一样。

> 韩国银行将基准利率从 1.50% 上调至 1.75%，上调了 0.25 个百分点（25bp）。
>
> 2022 年 5 月 26 日《××新闻》

百分点和百分比的区别是什么呢？

百分比表示在 100 的总数量中占多少，百分点则表示百分比之间的差异。如果留意上面的报道，你就会明白的。年利率从 1.50% 上升到 1.75% 的话，就上升了 0.25 个百分点，百分点一般用于表示失业率或利率等的变化。

看报纸的时候，经常碰到关于基准利率的话题。基准

---

1　bp 即基点（basis point），指衡量利率变动的最小计量单位，1个基点等于 0.01%，即 1% 的 1%。

利率由韩国银行金融货币委员会制定。韩国的基准利率是适用于"7日部分回购债券"（国家以7日以后再购买为条件借钱的证券）的利率。韩国银行制定基准利率，商业银行就会根据基准利率制定自己的利率。如果提高基准利率，存款利率和贷款利率就会一起上涨，那么普通人通过存款可以获得比以前更多的利息，所以储蓄较多。而企业投资的设备会减少，因为投资设备一般都需要贷款，借钱的利息负担会加重。

如果人们消费增多、企业投资广泛，市场上的资金量即货币量就会增加，物价也会上涨，这时要减少通货量，可以提高基准利率。如果降低基准利率，就会起到相反的作用。

# 3

# 1997年发生了什么事？

## 通过时间旅行表演观察外汇危机

今天实验经济班的同学们没有去教室，而是去了学校的小讲堂。想着要玩什么新游戏，大家怀着激动的心情来到了小讲堂，看到入口处贴着大海报。

"嗯？哪来的海报？"

"看来我们今天要表演了！"

打开门进去后，娜老师与平时不同，在舞台中央欢迎同学们。她身穿肩部耸起的夹克和裙子，涂着深色口红，显得非常陌生，充满了怀旧的感觉。

"欢迎乘坐时光机来到20世纪90年代的汉城（今首尔）。"

"什么呀?我们是在时间旅行吗?"

娜老师没有回答宰俊的问题,而是拿出了装有名牌的篮子。

"每人抽一个名牌吧,上面写着今天要扮演的角色。"

"我是银行,得利银行?名字好土啊。"

"哇,我是企业,是经济集团呢。噢耶,我成了社长了!"

1997年发生了什么事?

实验经济班的朋友们,
穿越到1997年的汉城(今首尔)进行时光旅行,
好奇他们表演的朋友们,
请来观看吧。

时间:202×年×月×日下午2点 场所:小讲堂

## 请回答1997人物

- 娜老师 旁白
- 经济集团 诗贤
- 得利银行 宰俊
- 布里银行 圭贤
- 利亚综合金融 昌珉
- 经济金融院 在妍
- 公共财政院 善雅
- IMF 景浩

"我是布里银行,看来是个外国银行。"

"利亚综合金融?看了一下说明,好像和银行差不多。"

"我是IMF(国际货币基金组织),我听过这个机构很多次啊,是借钱的国际机构?"

"我是经济金融院,据说这里是与经济相关的国家机构,看来我是委员长!"

"我是公共财政院,听说这里也是国家机关。"

实验经济班的同学们一抽到名牌就互相谈起各自的角色。

"把名牌挂在脖子上,让大家看清楚!我把角色指南发给大家。

"得利银行是谁呢?"

"是我!"宰俊举手回答。

"公共财政院?"

"我!但是有叫公共财政院的地方吗?"善雅在收到角色指南时问道。

"因为是表演,所以才有的!现实中没有。"

"那经济金融院也是假的?"在妍问道。

"把两个都当作国家的经济相关机构来演就可以了。请回想一下,参考韩国银行、企划财政部、金融监督院、金融委员会等自己喜欢的地方进行表演即可。"

娜老师的回答让昌珉哈哈大笑。

"指南上写着职责。轮到谁,谁就上台表演吧!今天是即兴表演!"

"没有剧本吗?"

诗贤问完,娜老师笑着回答:"我相信你们。大家应该都很会表演吧?"

"我有点不好意思……"

"我们之间还需要不好意思吗?果断一点!挑战表演!"

娜老师向着害羞的诗贤用力举起双拳,喊着"挑战",然后开始像播音员一样说话。

🧑 现在是 1993 年 2 月。目前为止，银行在给企业贷款时，只按照政府的指示进行，因此对判断企业经济性或价值并进行投资缺乏经验。现在，请得利银行和经济集团上台！

**经济集团**：相信我们吧？相信我们的名声，借点钱给我们吧！还要再建一个工厂。

**得利银行**：您需要多少？

**经济集团**：100 亿韩元！

**得利银行**：这有什么难的？大企业啊。好的。

**经济集团**：1 年到期怎么样？如果您想延长期限，请到时候通知我。

**得利银行**：好的，没问题。

两人握手，心满意足地签订了合同。舞台中央的画面上出现了一份报纸，上面写有 1993 年的日期。

🧑 现在是 1993 年 9 月。以前借的是政府而不是海外民间资本的钱，所以非常困难，但现在变得容易了！得利银行、利亚综合金融、布里银行，go！

1993年9月7日　　　　　　　　经济新闻

## 民间也终于从国外借钱了

　　金融自由化浪潮高涨。从下个月开始，民营银行可以从国外贷款。以前只有国家可以借的外国资本，现在终于把门闩松开了。外国人也可以把钱存入韩国银行，投资韩国股票或债券也将变得自由。

布里银行：谁需要钱？找我借吧！利率也优惠。

利亚综合金融：你不说我们本来也正需要借钱呢，借我们5亿美元用一年吧。真是太谢谢了！

圭贤和昌珉握手，摆出了成交的姿势。圭贤望着宰俊。

布里银行：得利不需要钱吗？

得利银行：正好我也需要钱，5亿美元！

布里银行：1年期满？

得利银行：很好，很好！

宰俊看着圭贤，竖起了大拇指，两人握手并露出满意的微笑。看到这个情形的昌珉走近了宰俊。

**利亚综合金融**：你也是从布里借的吗？

**得利银行**：嗯，你也是吗？开的条件很好。

**利亚综合金融**：是啊。利率低！这些钱在别的地方投资久一点的话，收益会很大！

**得利银行**：是吗？也给我一些情报吧！

宰俊和昌珉头碰头，假装窃窃私语。

**布里银行**：我有很多钱！这次韩国的情况还不错呢！利率也比美国高。那个经济集团到我这里来一下！

圭贤看着诗贤做了上舞台的手势。

**经济集团**：布里银行，嗨！韩国是怎么回事？

**布里银行**：我想买点经济集团的债券！

**经济集团**：如果布里银行能买债券的话，我自然是很欢迎了！

两人一成交，屏幕上就出现了新闻视频。

1996年12月12日新闻。我国加入了发达国家俱乐部经济合作与发展组织（Organization for Economic Cooperation and Development，OECD）。另外，据悉泰国出现了经济危机，这令人感到非常遗憾。

我们国家好厉害啊！还加入了发达国家俱乐部。但是经济集团今年的业绩比想象中的要差。得利银行、经济集团、布里银行，go！

**得利银行**：经济集团社长诗贤，该还钱了！

**经济集团**：请延长还款日期！考虑一下我们的情况手下留情，行吗？

**得利银行**：你们是大型企业，当然要帮你延长了。延长期限！盖章！

看着两人的圭贤走近了诗贤。

**布里银行**：我买的债券到期了！给我本息。

**经济集团**：推迟一年吧。去年不是也给过你嘛。

**布里银行**：泰国面临危机，整个亚洲都很不安，现在就给我吧。

**经济集团**：泰国和韩国不一样，就推迟一年吧！

诗贤双手贴着脸颊撒娇说。

**布里银行**：不行！还我钱！

**经济集团**：好的。

诗贤用死心的表情假装打电话。

经济集团：快点把钱拿过来，布里银行让你马上过来。

诗贤假装把钱还给圭贤。

经济集团：钱在这里。
布里银行：再见！

舞台画面再次出现了新的报道。

1997年11月7日　　　　经济新闻

**企业纷纷倒闭！外国资本不断退出！**

得利银行、布里银行、利亚综合金融、经济金融院、公共财政院，go！

站在舞台中心的圭贤装作接电话的样子。

**布里银行**：什么？离开韩国？好的，好的！

圭贤做出挂断电话的动作后，走近宰俊和昌珉。

**布里银行**：得利银行、利亚综合金融！把我的钱还给我！

**得利银行**：我们的情况不太好，借了很多钱的经济集团倒闭了，再等一年吧。

**利亚综合金融**：我们也一样。去年不是也延长了嘛，因为现在钱被绑定了。

圭贤望着宰俊和昌珉。

**布里银行**：还我钱！我等不及了！

宰俊和昌珉走近在妍。

**得利银行**：经济金融院委员长，请帮帮我们，布里银行让我现在马上还债。您该知道我们因为经济集团很辛苦吧？请借给我美元吧。

**利亚综合金融**：我们也很难，需要美元。

**经济金融院**：大家都很艰难吧。现在为了把对美元汇率维持在1美元兑换800韩元的水平，已经花费了很多美元。虽然想帮忙，但是我们也没办法。

昌珉和宰俊退下去了，善雅走向了在妍。

**公共财政院**：经济金融院委员长，您把钱花在维持汇率上打算花到什么时候？情况会变得更糟，即使为时已晚，也应该向IMF请求救济。IMF这样的国际机构不是正应该在这种时候借钱给我们吗？

**经济金融院**：长官，向IMF提出救济请求的话，困难的企业会变得更多。您知道吧？IMF认为，以适者生存的理论让该倒闭的企业尽快倒闭更好！

**公共财政院**：好的。我也很心痛，但是IMF的逻辑也有道理。国家不能永远花钱买单。企业和银行经营不善，如果政府给予帮助，经营不善的状况可能会持续下去。

**经济金融院**：那也得设法阻止才行啊。不管那些受苦的人了吗？

公共财政院：即使眼下很艰难，未来也一定会渡过难关的。

舞台画面又出现了新闻。

1997年12月7日新闻。企业纷纷倒闭，外汇储备枯竭。政府向国际货币基金组织提出了救济请求。

经济金融院、公共财政院、IMF，go！

经济金融院：只有向IMF提出救济请求了吗？政府和国民应该齐心协力解决。

公共财政院：我们的经济总有一天需要一次体制改善。银行连企业的情况都没有掌握，就无条件地借钱给它们。

经济金融院：为了稳定韩元价值付出了多少努力？现在看吧，原来1美元兑换800韩元，现在都能兑换2000韩元了！

随着在妍的话，画面发生了变化。

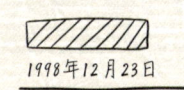

经济新闻
1998年12月23日
**汇率飙升至2000韩元**

公共财政院：如果汇率上涨，出口反而会更好。那么美元重新流入韩国，对经济复苏不是很有帮助吗？

经济金融院：现在倒闭的企业有多少？IMF的逻辑是使该破产的企业倒闭。这期间，我国国民的血都流干了。

IMF：整顿亏损企业和银行是正确的。这样才能更健康，暂时要承受痛苦啊！我们决定不借钱，也是按照我们的方式去化解危机，对吧？

舞台画面再次出现了报纸。各个日期的报纸头条依次出现。

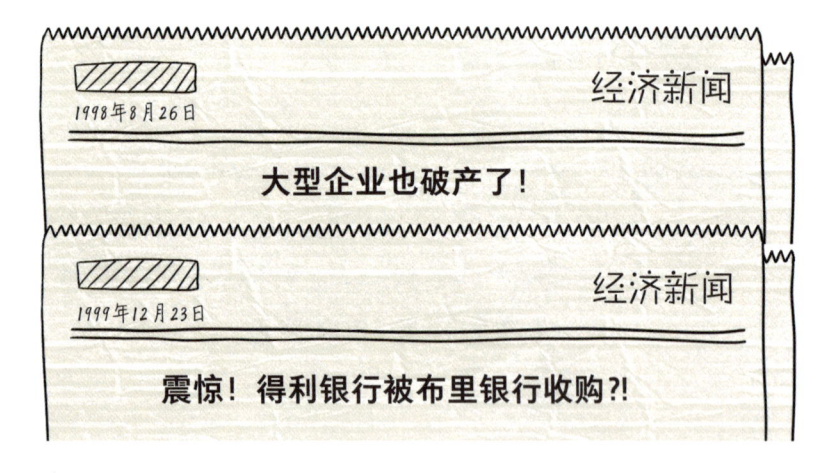

---

1998年8月26日　　　　　　　　　　经济新闻

**大型企业也破产了！**

1999年12月23日　　　　　　　　　经济新闻

**震惊！得利银行被布里银行收购?!**

---

经济金融院：利亚综合金融也破产了，得利银行也很危险。

IMF：得利银行表示，布里银行有意合并，就那样处理吧。

**经济金融院**：不管怎么看都会被低价收购吧！坏家伙们，就这么看着不管吗？

在妍瞪着善雅说。

**公共财政院**：我也很心痛。

**IMF**：应该整顿不良银行。

**公共财政院**：是的，那是最好的办法。就这么办吧。

舞台画面出现了新闻。记者出现在美国百货商店，这是美国百货商店的家电销售柜台。

**女顾客**：韩国电视比日本电视便宜很多啊？之前差价没多少，这是怎么回事？

**店员**：是因为最近韩元贬值了。现在就是机会，再也不可能这么便宜买到电视了。

这是韩国的产品在美国以低廉的价格销售的场景。新闻视频结束了,新闻报道出来了。

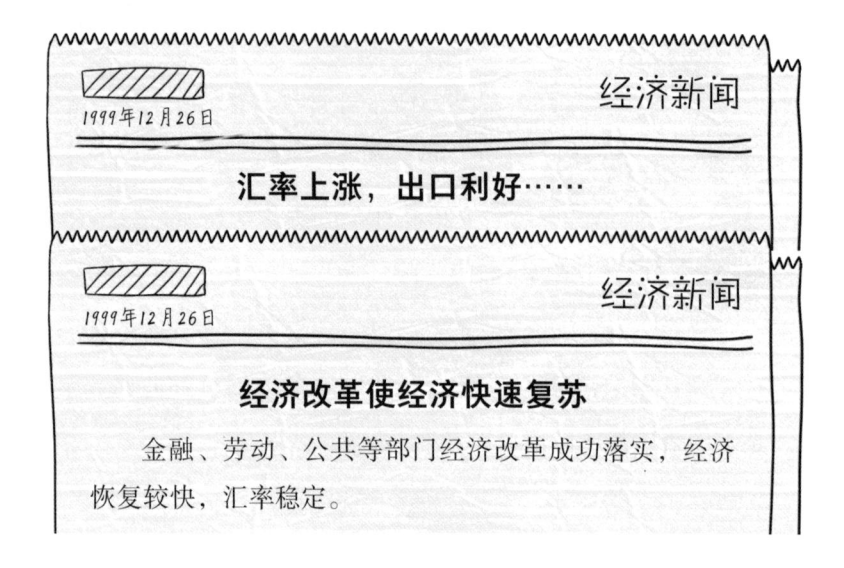

---

**经济新闻**

1999年12月26日

### 汇率上涨,出口利好……

---

**经济新闻**

1999年12月26日

### 经济改革使经济快速复苏

金融、劳动、公共等部门经济改革成功落实,经济恢复较快,汇率稳定。

---

过了一会儿,舞台灯光熄灭,娜老师鼓掌来到舞台中央说:"同学们!大家都辛苦了!通过这场话剧,我们了解了1997年外汇危机的原因和克服的过程,感觉怎么样?"

"当时外汇突然不足,我亲身感受到了当时令人惊慌失措的情况!"

昌珉附和着宰俊的话说:"我也是!当时的企业到底在想什么,是借短期外债去做长期投资吗?"

"因为一般没有什么问题的话，会一直延长期限，所以才会那么想吧！"

景浩回答后，娜老师点头说道："对，可是出了问题。1996年末，泰国面临经济危机，逐渐扩散到马来西亚、印度尼西亚等东南亚全境，外国金融企业觉得亚洲应该很危险。1997年，韩国的大型钢铁公司、汽车公司破产后，外国企业纷纷表示要离开韩国，所以急忙收回了资金。"

"从某种角度来看，金融机构和企业似乎也存在结构性问题。政府一直掌握着金融进行贷款，但突然间金融自由化，金融机构在向企业贷款时也没有像样的审查标准，企业在借款方面也不慎重。"

"嗯，在分角色表演时，使我困扰的是，这样的问题一定要爆发一次吗？以此为契机，我们进行了结构调整，虽然经济可以更加稳固，但这个过程对所有人来说都是非常痛苦的。"

善雅的话音刚落，在妍就惋惜地说道。

"哇，今天真的感受到了很多。那么今天的课到此结束！"

> 经济概念小贴士

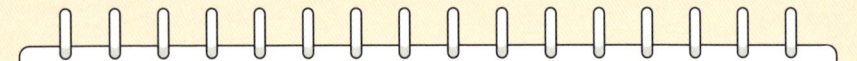

# 为了经济稳定，国家做了什么事情呢？

**（1）通货膨胀对我们生活的影响**

如果天上掉下来一大笔钱会怎么样？感觉会很幸福吧？但是，如果每个人都有从天上掉下来的一大笔钱会怎么样呢？

物价会上涨。物价持续上涨的现象叫作"通货膨胀"。就像实验经济班的实验一样，如果市场上的货币量（通货量）过多，物价必然会上涨，因此买东西的时候要给更多的钱。除了这种极端情况，通货膨胀的原因有很多。经济状况非常好，同时人们消费很多，企业想要扩大新业务也会发生通货膨胀。另外，生产各种商品的费用上升时（例如石油价格上涨，塑料、电力等各种生产费用也会上升）也会发生通货膨胀。

人们之所以关注通货膨胀，是因为它影响了经济生活。假设上班族 A 一年前借给了朋友 3 亿韩元，朋友用这笔钱购买了房子，这时突然发生通货膨胀，一年后房价变成了 6 亿韩元。如果 A 获得 10% 的利息的话，应该是 3 亿 3000

万韩元，这些钱现在只有房子价值的一半多一点。

对借出钱的人不利，对借到钱的人有利。像前面的事例一样，如果发生通货膨胀，房子或土地等值得投资的实物的价值会提高，但钱的价值会下降。物价上涨了很多，但是工资不怎么涨的话，对靠工资生活的人也不利。

相反，物价持续下降的现象称为"通货紧缩"。用同样的钱可以买更多的东西，也许会觉得很好。但是通货紧缩是因为很多经济活动萎缩，人们消费过少而发生的情况。如果人们不消费，企业做的东西也卖不出去，因此企业会减少劳动力，失去工作的人也会增多。失业者越多，消费就越少，如果这种恶性循环反复出现，经济状况会越来越不好。

如果物价上涨太多不好，下降太多也不好的话，那么哪个更好呢？多数经济学家称，适当的物价上涨率是一年上涨2%左右。

### 经济用语

- **通货膨胀**：物价持续上涨的现象。
- **通货紧缩**：物价持续下跌的现象。

### （2）国家在稳定经济中的作用

通货膨胀和通货紧缩都对国家经济不利，国家会适当

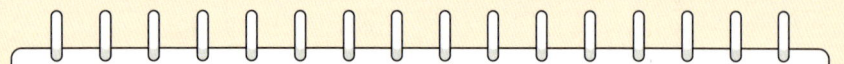

维持货币量，保持货币价值稳定。

　　还记得之前娜老师作为银行角色出售债券的事情吗？债券和一般借钱用的借条差不多。不同的是，债券随时都可以买卖。韩国银行或政府发行债券卖给国民就像向国民借钱一样。如果觉得货币量太多，就出售债券吸收家庭或企业资金，通过这样的政策来调节市场上流通的货币量。

　　最常用的政策是调整利率。韩国银行不是调节普通银行的利率，而是决定作为标准的基准利率。如果韩国银行提高基准利率，普通银行也会提高利率。大家去银行存款的时候，利率高一点会更好吧？利率上升会增加储蓄，减少消费。企业在扩大新业务时往往会贷款，如果利率提高，贷款利息就会上升，所以贷款会减少。那样的话，市面上的钱就会减少。

　　除此之外，还有增税的方法。因为如果多征收税金，人们消费的钱就会减少，企业扩大业务时使用的钱也会减少。

　　在经济状况恶化，人们减少消费，企业也在减少产量的情况下可以采取相反的政策。

　　国民和企业增加消费或投资活动，政府减少税金，或者直接花钱通过公共福利或政策支援等增加通货量。韩国银行降低基准利率，减轻企业贷款的负担，以有利的条件重新购买国家出售的债券。这样一来，企业就会扩张业务，人们会

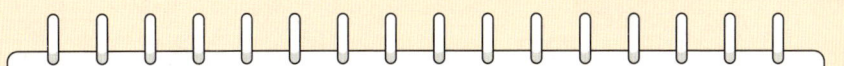

出售债券,钱也变多了,因此消费增加,经济会逐渐好转。

> **经济用语**
>
> - **货币量**:家庭和企业等民间拥有的货币的数量(市面上的货币量)。
> - **债券**:政府或企业为筹集资金而发行的证券,到期后支付本金和约定的利息,到期前随时可以买卖。
> - **利率**:利率为 10% 时,本金 100 万韩元的利息为 10 万韩元。
> - **货币政策**:央行通过增减货币量调节经济活动水平的政策。
> - **财政政策**:政府调节税收和财政支出水平以影响经济活动的政策。

### (3)国际货币基金组织的工作

国际货币基金组织的创立宗旨是世界所有国家都拿出一小部分钱建立基金,并将这笔钱借给饱受债务困扰的国家,帮助他们重新发展经济。

韩国在 1997 年 12 月向国际货币基金组织求助过。直接原因是美元突然不足,也有金融机构和企业的结构问题等多种综合原因。虽然当时很艰难,但恢复得很快,也成为银行和企业成长得更好的契机。

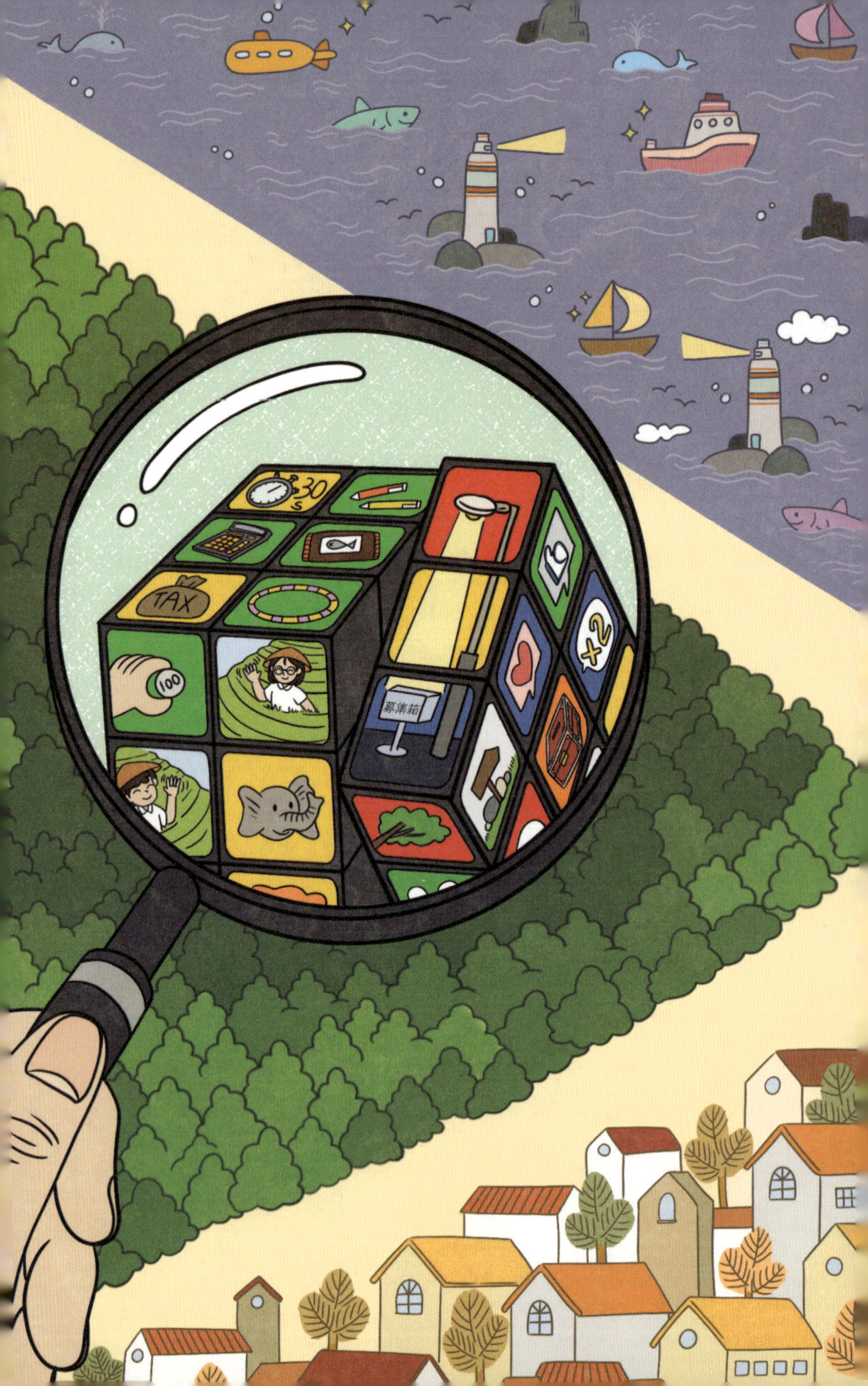
30
s
TAX
100
募集箱

第三章

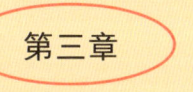

# 公共经济学：
## 所有为了未来的选择

# 1

# 教室需要安装空气净化器

通过公共物品博弈思考公共物品生产问题

"同学们,我们打开窗户开始上课好吗?教室的空气是不是太不清新了?"娜老师一进教室就指着窗户说。

"最近经常换气,但奇怪的是空气依然很浑浊。"

"教室里要是有空气净化器就好了!"

"对,对!"

坐在窗户附近的宰俊和善雅立即打开了窗户,大家点头表示同意。

"是吗?那今天就通过游戏赢取你们需要的空气净化器怎么样?"

娜老师提议玩游戏时的表情意味深长。宰俊嗤之以鼻说:"我不相信。"

"空气净化器吗?从哪里能得到?上次还说给每人1亿韩元,现在可不会上当了!"

"宰俊啊,相信老师一下吧。大家先把零花钱收下。"

娜老师从书包里拿出一个小信封,给同学们每人一个。

"零花钱吗?"景浩眨着眼睛问道。

"哦?里面有钱!真的钱!"大家纷纷打开信封,惊讶地说。

"好,信封里有10个100韩元的硬币,每人1000韩元,这是只属于我们的秘密!老师给学生钱的话会被批评的。"

"被谁批评啊?"

"你们怎么知道老师我的苦衷!"

娜老师在嘻嘻哈哈的同学们面前拿出红色纸箱,用非常真挚的声音说:"这是个魔法箱子,装进箱子里的钱会翻倍的!"

"快点把钱放进那个箱子里试试看吧。真的是两倍吗?"

景浩说完,昌珉起来正要把钱放进箱子里。

"等等!我有规则的。如果直接放进去,魔法就无法启动!"

昌珉抽回本来想投钱的手,重新坐到了座位上。

"这个箱子要放在教室外面的走廊里。大家按顺序,一个一个去,可以投币,也可以不投币,放一部分也可以,谁都不知道别人放了多少。7个人都去过走廊之后,魔法就会启动,箱子里攒的钱会翻倍。然后把金额分成7份分给大家。还有一条,等你们交的钱攒到6000韩元以上,我就加钱送你们空气净化器,放在教室。"

"要给我们买空气净化器吗?"

"好像哪里不对啊!"

孩子们带着无法相信的眼神,怀疑地看着娜老师。娜老师摆出冷静的手势说:"不是的,哪有那样的事。钱是从你们收到的1000韩元里投进去的。"

"从0韩元到1000韩元,总共可以有11种选择吧?如果我投进600韩元,剩下的400韩元会怎么样?"听完娜老师独具一格的建议,在妍依旧冷静地提问。

"当然是给你了。你们剩下的钱就当存到个人账户里就行了。魔法箱子应该叫'公共存折'吧?在这里放钱的话,翻倍后会平分。那么，公共存折中存入多少比较有利呢？"

"难道不是全部都放进去吗？这样才能翻一番。"

听到诗贤的话，娜老师摇了摇头说："那个没那么简单。计算利润的话……"

娜老师话音未落，在妍对大家说："对我们所有人都有好处的是，7个人一个不落地在公共账户里存入1000韩元。如果别人都放进去，只有我不放的话会怎么样呢？我把1000韩元存到我的个人账户里，1000韩元还在，剩下6个人放的6000韩元翻了一倍，12000韩元。这个除以7的话……"

"1714韩元！"昌珉迅速地说。

"每人1714韩元，7个人分着拿。那我就得到2714韩元了。剩下6个人只获得1714韩元，所以不放才更有利。"

"即便如此，全部放进去不是更好吗？"

在妍解释完之后圭贤说。

"7个人每人投1000韩元的话，每个人都会有2000韩元，这是最好的。但是别人都放了1000韩元，只有一个人不放的话，那个人会得到2714韩元，所以对那个人来说更有利吧？7个人中有5个人每人放1000韩元怎么样？"

对于娜老师的提问，在妍做出了回答。

"5000韩元翻了一番，变成1万韩元，7个人分的话分到的钱……"

"1429韩元。"这次昌珉也帮忙算了数。

"每人分到1429韩元。没有向公共存折交钱的人,个人存折里有1000韩元,所以有2429韩元。把钱存入公共存折的同学只有1429韩元。"

在妍的话音刚落,娜老师就在教室屏幕上放了一张表格(表3-1)说:"那么,让我们整理一下在不同情况下如何行动对个人有利。"

表3-1 公共财产游戏的回报构成

| 除了我之外的9人的行动 | 公共账户里的募款/韩元 | | 我的报酬/韩元 | |
|---|---|---|---|---|
| | 我捐款的情况 | 我不捐款的情况 | 我捐款的情况 | 我不捐款的情况 |
| 9人全部捐款 | 9×1000+1000<br>=10000 | 9×1000=9000 | 2000 | 1800+1000<br>=2800 |
| 8人捐款 | 8×1000+1000<br>=9000 | 8×1000=8000 | 1800 | 1600+1000<br>=2600 |
| 7人捐款 | 7×1000+1000<br>=8000 | 7×1000=7000 | 1600 | 1400+1000<br>=2400 |
| … | … | … | … | … |
| 2人捐款 | 2×1000+1000<br>=3000 | 2×1000=2000 | 600 | 400+1000<br>=1400 |
| 1人捐款 | 1×1000+1000<br>=2000 | 1×1000=1000 | 400 | 200+1000<br>=1200 |
| 0人捐款 | 0×1000+1000<br>=1000 | 0×1000=0 | 200 | 0+1000<br>=1000 |

"为了简单计算,假设有 10 个人参与其中。行动时只有'把钱都放进公共存折'或'没有把钱都放进公共存折'两种决定。

"实际去做的时候只放一部分钱也可以。把存入公共存折部分称为'捐款',把得到的钱称为'报酬',看看什么样的行动对个人有利。"

"那还用说吗!肯定是不交才有利啊!"昌珉和景浩同时说道。

"我个人认为确实如此。但是我们都应该为公共存折做出贡献,获得空气净化器,这样不是最好吗?那就开始吧。"

娜老师拿着被当作公共存折的红色箱子,放到走廊里,又走回教室。

"公共存折,也就是魔法箱子已经放在走廊里了,现在请同学们按照顺序一个个把钱放进去吧。记住,可以不用放钱,可以只放一部分,也可以全部放进去。"

"我们每人投 1000 韩元!知道了吗?"听到善雅的话,朋友们都点头。

"谁先去?"娜老师问道。

"我!"宰俊从座位上站起来说道。

宰俊回来后,剩下的 6 个人也一个一个地去了走廊。

"那现在公布结果吧!"

娜老师走出教室,然后带着红色箱子进来了。

"当当当当!究竟是多少呢?"

娜老师把箱子打开,把硬币倒在了讲桌上。

"我们来帮你!"

景浩和昌珉将10个100韩元硬币堆成一摞。

"三摞,加上两个,3200韩元!"景浩喊道。

"我们不是说好每人投1000韩元吗?"

听了善雅真挚的话,景浩用调皮的语气补充说:"谁没交钱?这么不讲义气。"

"是谁啊?再多交2800韩元就能有空气净化器了!"

"太遗憾了。"

教室里到处都是不满的声音。

"景浩,你交了吗?裤子口袋里好像有硬币的声音!"圭贤用怀疑的眼神看着景浩说,景浩只露出尴尬的微笑。

"就是说啊,会是谁呢?不过既然已经约定好要对捐款情况保密,那就不要再问了!"娜老师的话让大家安静了下来。

"但是什么时候会有魔法呢?"

诗贤提出问题后,娜老师掏出钱包说道:"就是现在!"

娜老师从钱包里拿出3张1000韩元和2个100韩元硬币,把堆在讲桌上的钱加起来。

"魔法显灵了!魔法魔法变变变!翻倍了!3200韩元变成6400韩元了!"娜老师真的像施魔法一样挥舞着双臂说。

"哎哟,我就知道会那样。"宰俊带着没办法相信的表情说道。

"总之,魔法已经发生了。6400韩元除以7的话……"

"914韩元!"

"不愧是昌珉,谢谢你!那我们每人分1000韩元吧。没有零钱那样更方便。"

娜老师真的分给同学们 1000 韩元。

"从现在开始是休息时间!可以去趟小卖部再回来!"

娜老师说完,同学们纷纷走向小卖部。

## 没有排他性的话,
## 想搭免费顺风车吗?

7 个人各自买来了自己喜欢的零食。

"好,那我们一边吃零食一边继续上课吧。"

"谢谢老师!"

"还这么乖巧地打招呼,真是太好了。刚才约定每人交 1000 韩元,但是有人没遵守,理由会是什么呢?"

"因为不知道是谁没交!"

"太自私了!"

"不交对个人来说不是更有好处嘛!"

孩子们争先恐后地说。

"对,我个人认为不交是最有利的策略。再加上因无法确定谁没有交钱,积攒的金额也会平分。还记得我刚才说,如果公共存折里攒 6000 韩元以上,就给教室安装空气净化器吗?"

"当然了，但不够呀？"同学们都露出了失望的表情。

"我也很遗憾。"娜老师表示遗憾，教室里传来了"再来一次"的话音。

"各位，机会不会再来了！约定就是约定！不过呢，我可以给你们讲个故事。"

"为什么突然说故事？"

娜老师像读童话一样，用温柔的语气开始讲故事："很久很久以前，那时还没有国家的概念。听说一个村庄连一盏路灯都没有，夜路真的很黑很黑。有位老奶奶在漆黑的路上被石头绊倒了，有位大叔掉进田埂受伤了。于是村民们聚在一起开会，一位阿姨提议安装路灯，大家都说好。但是关于如何筹集路灯安装费，意见一直没有统一，如果强制收取同样的金额，对没有收入或收入少的人来说会成为很大的负担。大家最终决定根据各自的情况自发交钱，并把募捐箱放在村子会馆里……"

"募集起来了吗？不过，听说那时候连国家的概念都没有，还有路灯呢？"圭贤笑着问道。

"真的筹集到了吗？"

"没有，应该没人交吧。"

娜老师看着同学们，正准备再问一遍时，善雅回答说："对，虽然募集了一点钱，但金额不够。"

"感觉和我们今天的状况差不多。"诗贤说。

"差不多吧。如果攒到6000韩元以上,就可以安装空气净化器了。教室的空气净化器和村里的路灯,是不是有什么相似之处?"

"是啊……"

"那和你们吃的零食有什么不同?"

"饼干是吃的,路灯和空气净化器是吃不了的!"

"哎哟,真是拿你没办法。你以为每次都和吃有关吗?"景浩响亮地回答后,诗贤责怪了他。

"如果把用过的笔和零食分为一类,路灯和空气净化器也分为一类怎么样?这两类有什么区别呢?"

"路灯和空气净化器是很多人一起用的啊。"

"圭贤说得对。我的笔是我买的,故事里的路灯是村里所有人的。空气净化器也放在教室里,是我们所有人的。"

"差异是有没有主人啊。"诗贤眨着眼睛回答道。

"简单来说就是那样。我之所以是这支笔的主人,是因为它是我在文具店付钱买的,因为不买就用不了这支笔。这样能让没有付出代价的人排除在消费之外的性质就叫'排他性'。笔具有排他性,但路灯没有排他性。"

"原来是用有没有排他性来区分财产啊。"在妍边记边说。

"对,只要打开路灯,路过那里的人都可以用到那里的灯光。因为没办法说'安装路灯你没交钱,所以就不能使用路灯'。如果没有排他性,人们就会想'如果有人安了路灯,就应该免费使用'!"

"那算什么呀,就会有搭顺风车的想法!我们做综合作业的时候,也有想免费搭顺风车的人,反正都是打的综合分数。"

"昌珉运用很灵活。如果没有排他性,就会产生搭顺风车的想法,因为这种特性,公共物品(public goods)无法充分生产。你想想,有哪家公司会主动说'我们免费给你修路,在城里安上路灯'?如果能收过路费,说不定有可能。就算觉得有必要,谁愿意花自己的钱和别人一起用呢?如果有,生产量将远远低于社会需要量。"

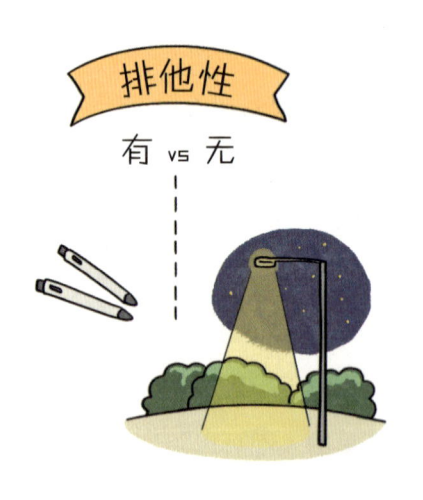

"是啊。所以国家才会收税安装路灯、修道路吧?国家收税,生产我们需要的公共物品,所以刚才老师用'没有国家概念的村庄'来形容。"

"从消费的角度来讲,没有排他性的公用的财物不是叫作公共物品吗?"

善雅点头说，圭贤接着提问。

"对，路灯是有代表性的公共物品。但是，仅凭没有排他性的特点，不会称为公共物品。区分财物还有一个特点。"

## 竞争性，
## 我的消费会影响别人的消费吗？

娜老师环顾着孩子们说："你们消费什么商品时，会根据是否影响别人的消费来区分商品？"

"我的消费会影响别人的消费吗？"圭贤惊慌地问道。

"可能会觉得有点难。简单来说，如果我吃了一个饼干，别人应该吃不了这个饼干吧？因为我已经吃掉了。这被形容为'我的消费会影响别人的消费'，这种特性表现为消费有'竞争性'。"

"是啊。路灯应该没有竞争性吧。我晚上使用灯光寻找道路，但不影响别人也使用灯光。"善雅好像发现了什么似的。

"善雅理解得很准确啊。消费没有排他性，没有竞争性的财物称为公共物品。我们花钱使用的大部分东西都有排他性和竞争性。

"我们用的圆珠笔、手机都是。这叫'私人物品'（private goods）。那补习班听课怎么算呢？"

"首先存在排他性。因为如果不交补习费，就不能上补习班。"

"嗯，应该也有竞争性吧。因为补习班有名额限制。如果我进去的话，不就少了一个人的位置吗？"

"同学们真是聪明！"听完宰俊和诗贤的回答，娜老师露出欣慰的表情说道。

"整理一下今天学到的东西，就会发现，没有排他性和竞争性的物品是公共物品。但是，由于公共物品具有不排他性，因此产生了搭顺风车的诱因，公共物品无法得到充分生产，所以国家征收税金生产公共物品。"

"今天在妍也把我的内容整理得很清楚。那就讲到这里，下课吧！"

## 数学帮帮忙

\* 经济概念：公共资源的悲剧，公共物品生产的问题，垄断和协商
\* 数学概念：博弈论

**Q1. 宰俊和昌珉谁会安装空调呢？**

留学后宰俊和昌珉在一起生活，家里没有安装空调，听说这个夏天很热，二人打算在变得更热之前买空调。空调的价格是 150 万韩元，如果用钱来衡量在凉爽的家里生活的满足感，那他们两人的打分都是 100 万韩元。

如果两个人都只考虑自己的经济利益去行动，谁会安装空调呢？

---

只要有一个人安装空调，家里的两个人都可以获得清凉，因为打开空调后，凉爽的空气不会只流向购买空调的人。昌珉考虑到这个情况，心里打起了如意算盘："如果宰俊买空调，就可以免费度过凉爽的夏天了。"但是如果宰俊也有同样的想法呢？像这样，两人都只考虑自己的利益的话，最终只会在没有空调的情况下汗流浃背地度过夏天。

## Q2. 利用博弈论,从数学角度分析一下宰俊和昌珉的情况如何?

对于购买空调,把两个人同意支付费用和拒绝支付费用带来的利润用金额表示出来看一看吧。

宰俊和昌珉同意一起购买空调并支付费用的话,两人都能得到 25 万韩元的利润(满足感 100 万韩元 $-\frac{1}{2}\times$ 支付的费用 150 万韩元);只有一个人同意并支付费用的话,支付费用的人损失 50 万韩元(满足感 100 万韩元 – 支付的费用 150 万韩元),没有支付费用的人获利 100 万韩元(满足感 100 万韩元 – 支付的费用 0 韩元);如果两个人都反对购买空调,两个人的利润都是 0 韩元。

把这种情况整理成表 3-2。

表 3-2　有无空调带来的利润和损失

| 应对策略 | | 宰俊 | |
|---|---|---|---|
| | | 同意购买空调 | 反对购买空调 |
| 昌珉 | 同意购买空调 | 25 万韩元,25 万韩元 | -50 万韩元,100 万韩元 |
| | 反对购买空调 | 100 万韩元,-50 万韩元 | 0 韩元,0 韩元 |

上面表格中前面的数字表示昌珉的利润，后面的数字表示宰俊的利润。首先从昌珉的立场寻找哪种行动更有利（假设对方的策略已经确定，此时对自己最有利的策略就叫"最佳应对策略"，昌珉的最佳应对策略用○来表示，宰俊的最佳应对策略用△来表示）。

假设宰俊同意购买空调，让我们来寻找昌珉的最佳应对策略吧。如果昌珉也同意的话，就会获得25万韩元的利润，反对的话就会获得100万韩元的利润，所以反对比较有利。如果宰俊反对，那么昌珉一个人同意的话损失50万韩元，如果昌珉也反对的话，利润和损失都没有，所以在这种情况下反对比较有利。从宰俊的立场看也一样。

由此可见，二人的最佳应对策略有重合的地方，对吧？最佳应对策略之间的相交点称为"纳什均衡"，表格中"反对，反对"是唯一的纳什均衡。不管对方同意还是反对购买空调，两个人的反对都是有利的行为，导致两个人最后都反对。其实两个人都同意，各交一半费用，各获利25万韩元会更好。

## Q3. 让我们来看看囚犯的两难处境吧?

像空调问题一样,相互协助对所有人都有好处,但背叛对方总是成为对自己最有利的策略,因此面临糟糕结果的情况称为"囚徒困境"。因为类似的故事曾在两名囚徒之间发生过。

两个嫌疑人相互隔离接受审问,如果一方坦白,他就会因协助调查有功而被释放,没有坦白的一方将被判处 7 年有期徒刑。如果两人都抗拒,都会被判处 1 年有期徒刑,如果两人都坦白,都将被判处 5 年有期徒刑。在这种情况下,"坦白,坦白"成为唯一的纳什均衡,并导致两人最后都坦白。

现在让我们来看看成为囚徒困境的具体情况(表 3-3)吧。

表 3-3 囚徒困境的具体情况

| 应对策略 | | 参与者 2 | |
|---|---|---|---|
| | | 合作 | 背叛 |
| 参与者 1 | 合作 | B, B | D, A |
| | 背叛 | A, D | C, C |

要成为囚徒困境，背叛对方必须成为比其他策略回报更高的策略，如果 A 大于 B，C 大于 D，无论对方选择何种策略，背叛总是比合作带来更高的回报，可以归结为 A>B>C>D。

在此基础上，两人都选择合作应该成为两人的最佳应对策略，但两人合作获得的回报之和 B+B 应该比其他任何情况都要大，也就是 B+B>D+A，B+B>C+C。这也可以用 $B>\dfrac{A+D}{2}$ 来表达。因此当一个情况同时满足这两个条件 A>B>C>D 和 $B>\dfrac{A+D}{2}$ 时，就会成为囚徒困境。

# 2

# 税金应该怎么收？

通过收税的方法解决财富和收入不均

下课后，圭贤好像有什么烦恼，一直在教室里沉思。

"圭贤，你有什么烦恼吗？"娜老师走近圭贤问道。

"我在想一些事情。我知道为了生产公共物品，国家应该征收税金，但是有个问题。"

"是什么？"

"该如何收税。我在想路灯是所有村民需要的，每人所交的安装路灯的费用应该都一样吧。

"但对于收入微薄的人来说，负担会很大吧。"

"那你觉得怎样征税比较好呢？"

"对于收入和资产多的人来说，应该多征收一些税金；

对于穷人来说,少收点。"

"我也同意你这番话。同样是 10 万韩元,月收入 100 万韩元的人和月收入 1000 万韩元的人感受到的程度会有所不同。"

"是的,所以我想的是按照收入比例征税。如果税金定为收入的 10%,月收入 100 万韩元的人交 10 万韩元,月收入 1000 万韩元的人交 100 万韩元。但是再想一想,对于月收入 100 万韩元的人来说,10% 也会成为负担。"

"是的,有这个可能。那按照不同的比例收怎么样?"

"我也这么想过。对有钱人收比较高的比例,对月收入

1000万韩元的人征收40%的税金，对月收入100万韩元的人征收2%的税金。那样的话，财富和收入的不平等也会得到缓解。"

"正如圭贤所想的一样，我国也根据收入或资产不同适用不同的税率。当然，收入或资产越多，税率就越高，以这种方式纳税叫作累进税。都说财富不平等的加剧不利于经济增长。收税既是为了生产公共物品，也是为了财富和收入的再分配。但是好像还有更头疼的问题！"

## 财富和收入的再分配，
## 如果金·凯瑞在其他国家发展的话？

圭贤苦恼了一会儿后说道："对于富人来说，税率应该怎么确定合适呢？"

"事实上富人的标准也很模糊，如果按照非常高的税率征收，财富和收入的不平等就会减少。但是站在纳税多的人的立场上想的话，应该会觉得很冤枉。"

"努力工作挣了钱，不会觉得自己的钱被国家抢走了吗？"

"是的。那你会想努力工作吗？工作的热情消退了，好像就不会去开发或者挑战新的产品了!"

"也有可能那样。所以确定适用的税率是非常困难的事情。因为不能打击到工作热情。"

"通过努力工作赚钱,当然会有被国家抢走的感觉和委屈的感觉。仔细分析的话,能赚到很多钱,是不是因为社会的文化和各种制度呢?"

"这个想法和美国哲学家约翰·罗尔斯(John Rawls)的想法相似。"

"嗯?这只是我的想法而已。"

"举个例子。好莱坞的喜剧演员金·凯瑞(Jim Carrey)获得了相应的认可,是因为他是活跃在美国。如果金·凯瑞在其他国家当演员的话会怎么样呢?"

"是啊,这种笑点在其他国家应该行不通吧。如果我出生在一个狩猎采集的社会,也许会饿死吧。我擅长思考和写作,但运动和打猎都不行。"

"所以说在这个社会成功的人,赚了很多钱,他的成功应看作是因为有那个社会做后盾,对吗?"

"是啊,所以说财产不一定是从父母那里继承的。我认为成功的人天生就具备社会需要的、重视的条件。"

"这样想的话,不会觉得自己的成功是沾了社会的光,很感恩,更想回报社会吗?

"所以约翰·罗尔斯说,在某些社会中非常贫穷的人,由于不具备在社会中生存所需要的才能,所以从社会中得到的实惠最少,因此有必要给予他们帮助。"

"哇,我真的和约翰·罗尔斯的想法差不多啊!太神奇了!"

"嗯,约翰·罗尔斯把最贫穷的人称为'最少受益者',这意味着他们从社会中得到最少的实惠,应该优先考虑他们。"

"对于优先照顾最少受益者,我完全同意!不过,有最多受益者吗?"

"最多受益者应该是社会中最受认可的人吧,不管是社会地位还是财富。因为他们在社会上得到了很多便利，所以应该帮助社会。但是就像圭贤说的那样，如果强制要求缴纳过多的税金，可能会降低他们的工作热情，他们也会认为自己的钱被抢走了。"

"是的，我也是这么想的，这就是我的烦恼。约翰·罗尔斯的想法如何？"

"约翰·罗尔斯认为个人自由很重要，虽然需要回报社会，但比起强制，还是自律比较好。"

"这是要我们实践'位高则责任重'（noblesse oblige）的意思。"

"就是这个意思。虽然有自律的部分，但国家在一定程度上要收税，还要制定对有钱人适用的税率。这些应该根据社会协商来决定。"

"是的。但是社会协商好像是一件非常困难的事情，因为大家只会站在自己的立场上说话。"

"所以约翰·罗尔斯说，想要达成社会协商，应该在不知道自己在社会中处于什么地位的情况下进行思考。"

"比如忘记自己是富有还是贫穷、从事什么职业等，真的站在穷人的立场上考虑'如果我出身是那样的'。"

"这样想的话，我想应该会优先照顾社会上的困难人群，虽然没有正确答案。"

"虽然这不是可以得出结论的问题,但思路已经得到了整理。希望人们以优先照顾社会困难者的想法为基础,达成社会协商。获得社会成功是因为有这个社会做后盾,以此为出发点,还应该多多进行捐赠。"

## 数学帮帮忙

* 经济概念：洛伦兹曲线，基尼系数
* 数学概念：定积分

**Q1. 如何衡量收入分配的不平均程度？**

在经济政策中，做大蛋糕的同时，如何分蛋糕也很重要。在这些政策中，最具代表性的就是税费。比较分析至今为止的收入分配水平，就可以知道特定政策的效果，也很容易提出以后的方向。那么如何衡量收入分配的不平均程度呢？

在衡量收入分配不平均时，使用最多的是洛伦兹曲线（Lorenz curve），见图3-1。

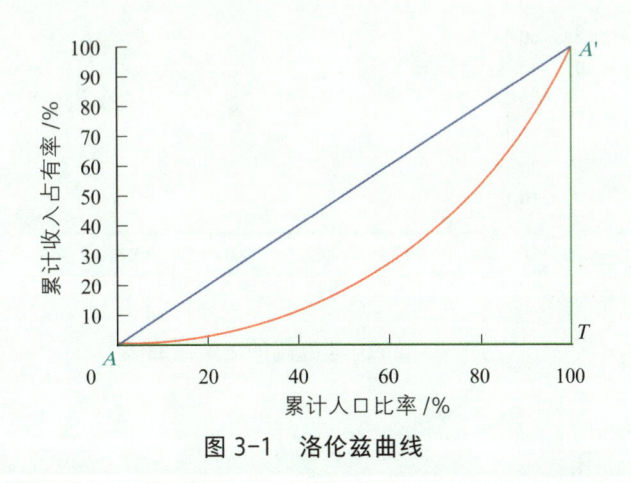

图 3-1　洛伦兹曲线

横轴以原点为基准,按照收入从低到高的人口占比顺序排列,纵轴表示收入占比。蓝色对角线 $AA'$ 表示人口增长时收入同样增长(绝对平均)。绿色折线 $ATA'$ 表示一个人占总收入的 100% 时其他人完全没有收入的情况(绝对不平均)。洛伦兹曲线越接近蓝色对角线 $AA'$,说明收入分布越均匀。

## Q2. 韩国的洛伦兹曲线是什么样子的呢?

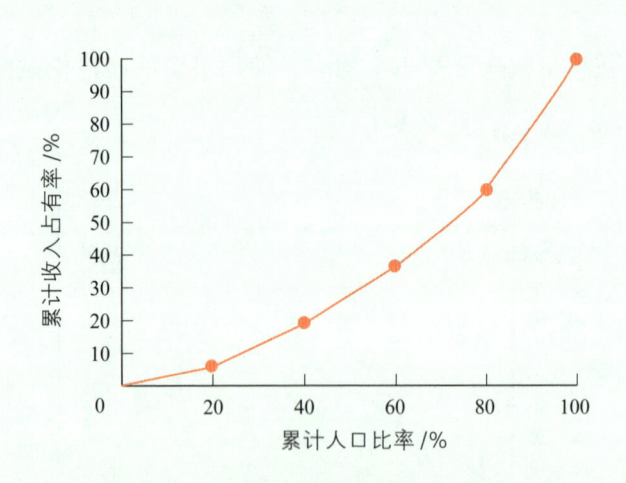

图 3-2　2020 年韩国的洛伦兹曲线

图 3-2 是 2020 年韩国的洛伦兹曲线。利用表 3-4 中的各区间收入占有率，将累计收入画成矩形，用电脑画出相对应的洛伦兹曲线。

表 3-4　按等级划分的收入占有率（平均可支配收入标准）

| 收入区间 | 年平均收入 / 万韩元 | 收入占有率 /% |
| --- | --- | --- |
| 第一区间 | 1079 | 6.8 |
| 第二区间 | 2157 | 12.5 |
| 第三区间 | 2999 | 17.4 |
| 第四区间 | 4021 | 23.3 |
| 第五区间 | 6892 | 40.0 |

资料来源：韩国统计厅、韩国银行、韩国金融监督院发布的 2020 年各界韩国家庭金融福利调查报告。

**Q3.** 国家间的收入分配不平均程度怎样比较呢？

比较一国或地区的收入分配不平均程度时，经常使用"基尼系数"。在以下图中，将蓝色对角线 $AA'$ 和红色洛伦兹曲线之间的面积称为 $P$，将洛伦兹曲线下方的区域面积称为 $Q$，此时基尼系数是 $\dfrac{P}{P+Q}$。如果收入分配绝对平均，

则 $P=0$，因此基尼系数为 0；如果收入分配绝对不平均，则 $P=1$，$Q=0$，因此基尼系数为 1。一般基尼系数超过 0.4 的话，则会被认为收入分配不平均现象严重。

计算基尼系数需要 $P$ 区域和 $Q$ 区域的面积。求出 $Q$ 区域的面积，从直角三角形 $ATA'$ 的面积中减去 $Q$ 区域的面积即可得到 $P$ 区域的面积。因此，如果求得 $Q$ 区域的面积，就可以算出基尼系数。在图 3-3 中，横轴每个区间的大小为 20，分为 5 个区间，如果把区间划分得足够细，所有矩形面积加起来会接近 $Q$ 区域的面积，就像图 3-4 一样。

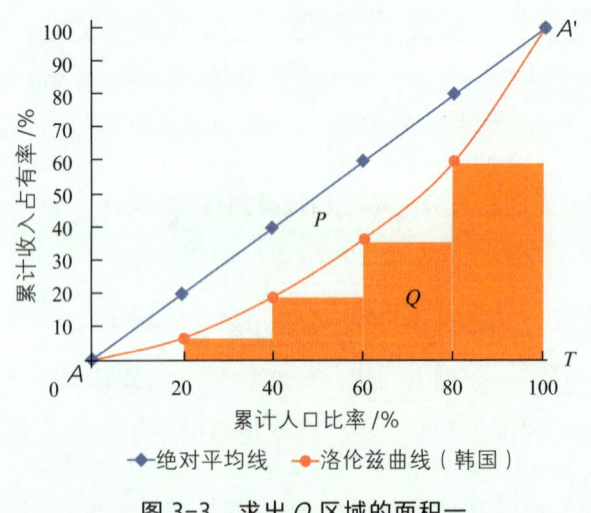

图 3-3 求出 $Q$ 区域的面积一

图 3-4　求出 Q 区域的面积二

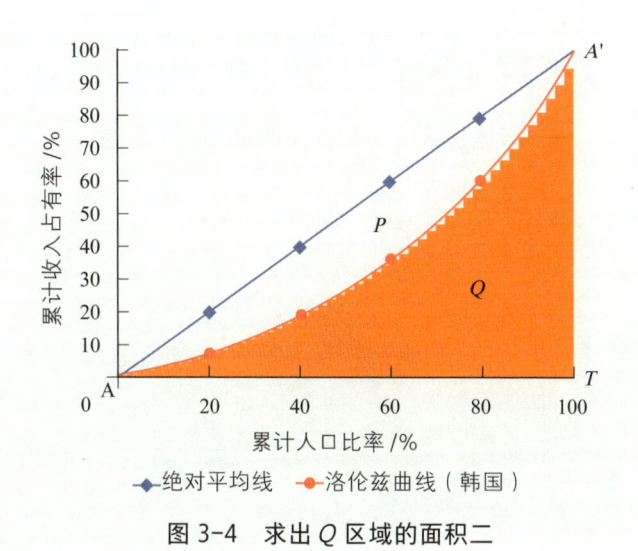

想象一下区间划分得更细。那么，各矩形宽度的总和会不会成为 Q 区域的宽度呢？数学上把无限细分合并的概念称为"定积分"。

这样计算出来的韩国基尼系数以 2020 年统计为准是 0.331，和 2011 年的 0.388 相比，呈逐渐减少的趋势，收入分配的不平均程度似乎正在缓解。

# 3

# 拯救濒临灭绝的非洲大象

玩钓鱼游戏,体验公共资源的悲剧

秋日的阳光下,实验经济班的同学们吃完午饭在操场踢足球,听到下午的上课铃声后,呼啦啦涌进了教室。教室里和平时不同,漆黑又安静。

"本以为迟到了,万幸的是老师好像还没来。"

宰俊要开灯的瞬间,讲台下好像有什么东西在蠕动。

"吓我一跳!老师?"

"大家都到了吗?画面出不来,一看发现插头掉了……"娜老师笑嘻嘻地说。

"哎呀,吓死我了。我还以为是鬼呢,开着灯多好。"

"就是说啊。大家都坐下,我们看一段视频再开始上课吧。这是一个非洲的故事。"

教室屏幕上展现了非洲草原的风景。一片祥和的风景过后,是几头大象死掉的画面,大象宝宝可能以为大象妈妈在睡觉,一直在死去的妈妈身边徘徊。旁白解说道,在肯尼亚山国家公园,11头大象突然死亡。象牙在市场上以高价交易,偷猎大象的活动因此猖獗。后面的内容是肯尼亚政府虽然加强了对偷猎的管制,但问题并没有得到解决。

"区区象牙算什么啊!大象太可怜了!"

"那些偷猎者!"

孩子们屏住呼吸看着令人震惊的视频,议论纷纷。

娜老师在视频结束时躲到讲台下面,然后戴着面具登场。

"你们好!我是肯尼亚总统乌胡鲁·肯雅塔(Uhuru Kenyatta),我们遇到了很大的困难,于是来找大家帮忙。大家都是联合国经济及社会理事会的咨询委员吧?"

"是的,我们是UN……那个什么来着……"

"我是联合国经济及社会理事会的咨询委员。"

昌珉和景浩装模作样地回答。

"最近偷猎大象的现象非常严重,管理国家公园的警察增加了,如果找到走私的象牙就全部烧毁;在大象的脚上安装GPS(全球定位系统)装置,追踪了位置。那又有什么作用呢？偷猎手法也在逐渐进化，有的甚至从直升机上发射毒箭。怎样才能解决这个问题呢？迫切需要世界级专家的帮助。"

说完，娜老师转过身来，摘下面具，若无其事地说："孩子们，听说刚刚肯尼亚总统来过？"

"是的，听说我们是联合国经济及社会理事会的咨询委员？"

"等一下！请大家先回到实验经济班来。我们先讨论一下，稍后再回到联合国经济及社会理事会的咨询委员角色吧。"

"好的，老师。"

善雅笑着说。

## 公共资源，
## 渔民们不守约的理由

过了一会儿，娜老师把巨大的呼啦圈放在教室的地板上，说："这个呼啦圈里的空间是大海，里面还有鱼。"

娜老师把贴有各种鱼照片的饼干和饮料放进呼啦圈里。

"大家围坐在呼啦圈外面怎么样？这里是零食，不对，是鱼。大家有两次各 30 秒的钓鱼时间。第一次 30 秒钓到的鱼，直接拿走就可以了。在第二次 30 秒的时候钓到鱼，会额外得到一条鱼。"

"钓一送一吗？"景浩眨着眼睛问道。

"嗯，就是给钓到一条鱼的人再送一条，钓到两条就再给两条！所以第二次再钓才更好吧？"

"但是第一次钓完之后，就算呼啦圈里一条鱼都没有了，也不会再补充。大家一起等，等到第二次钓鱼时间再钓是挺好的。但是第一次钓鱼时间也可以钓。那我们开始吧？"

"好的，开始吧！"

看着围坐在呼啦圈周围的孩子们，娜老师喊道："第一次钓鱼，30 秒开始！"

30秒，开始！

娜老师话音刚落，大家就伸手到呼啦圈里抢零食。互相推搡着把最后一个也拿走了，呼啦圈里瞬间空空如也。

"好，第二次钓鱼，30秒开始！"

"老师，什么都没有啊！没有可以钓的鱼。"

"已经这样规定了，所以还是按流程做。"娜老师说。

在30秒的时间里，大家都只是呆呆地看着空空的呼啦圈。

"结束！现在回到座位上，边吃零食边聊吧。"

"我没有饼干可以吃！真小气，说好第一次不拿，结果大家都拿走了。"

"我也一个都没拿到！"

"景浩不是有三个吗？给我点吧。"

昌珉和宰俊嘟囔着坐在座位上。

"听说过蓝鳍金枪鱼、河豚等鱼类濒临灭绝的消息吗？我们班刚刚模拟的情景，正是这种情况。"

娜老师做手势示意大家冷静下来。

"原来我们成了渔民啊。所以老师才在饼干和饮料上贴了鱼的照片吗？"景浩一边拆开饼干袋一边说。

"景浩，刚才不是说好第二个时段和昌珉一起拿的吗？"

"但是我觉得如果不拿的话，会被其他人拿走。这样的约定很难遵守。"因为嘴里塞满了饼干,景浩说话含混不清。

"不能等到第二次吗?那样的话零食会更多。"

"确实是,但是不能保证大家一起等待。要是我等的话,别人会先拿走的。"

"是啊,实际上渔村里也会发生这样的事情。如果一次捕太多鱼的话,鱼就会灭绝,但是即使渔民们约定捕鱼数量要以能够维持鱼类种群生存为上限也很难遵守。

"所有人明明都知道等鱼产卵、鱼卵孵化成长达到一定数量再捕的话,种群数量会维持下去,对大家都有好处,所以会约定好捕鱼不能超过一定量。但是我觉得如果别人都信守承诺的话,我再捕一条鱼也没关系,这样就比别人捕得多。如果别人不遵守约定,捕到了很多,只有我遵守约定,那就会吃亏。"

听了娜老师的话,善雅说:"不管别人是否遵守约定,我不遵守约定都更有利,所以很难遵守约定。"

"这和上次差不多啊!上节课大家虽然知道需要空气净化器,但是都不交费用,想坐免费顺风车。"在妍看着上节课整理的笔记说。

"对啊,我们应该把自己的钱的一部分或者全部交到公共存折,达到一定水平之后再买空气净化器,但是过程不太顺利吧。那时候不管别人交不交钱，不交对自己来说都是比较有利的，所以最终就变成那样了。"

"同样的道理，无论别人做什么，总有些对我们自己有利的决定，当我们做这样的决定时，会产生对整个社会不好的影响。"圭贤带着严肃的表情补充道。

"大家都记得很清楚。在教室里安装空气净化器的话，不管有没有交费用，每个人都可以享受。因为不能将未缴纳费用的人排除在消费之外，所以有人产生了搭顺风车的想法，也因此出现了公共物品无法充分生产的问题。之所以没有导致像大象和鱼那样濒临灭绝的问题，是因为我享受路灯灯光的好处不会减少别人的好处，所以即使很多人一起使用也没有问题。"

"是的，没有竞争性。"圭贤点头说道。

"但是大海里的鱼我抓了的话，别人就抓不到。出海捕鱼是几乎任何人都能做到的，但是因为捕了多少，鱼就会消失多少，所以才会出现濒临灭绝的问题。这种在消费上不存在排他性，但具有竞争性的东西称为'公共资源'（common resources）。因过度使用公共资源而导致资源枯竭的问题被称为'公共资源的悲剧'。草原上的大象和海里的鱼都是公共资源。"

"公共物品和公共资源是有区别的！"在妍说。

"蓝鳍金枪鱼、河豚、大象面临灭绝危机,为什么?

"为什么我们喜欢吃的鸡、牛、猪都不会灭绝?有谁听过这样的话吗:鸡灭绝了,我们再也吃不到炸鸡了?"

"那……鸡和牛的数量本来就很多吧?"

"是吗?我们这次也通过一个游戏来了解一下吧!"听了诗贤的回答,娜老师提议玩游戏。

## 公共资源的悲剧,
## 如何阻止蓝鳍金枪鱼、河豚、大象的灭绝危机?

娜老师把大席子铺在教室的地板上,然后开始发放零食,零食上贴有鸡的图案。席子分为8个区域,每个区域零食的数量都不一样。

"这次给你们发号码牌,请大家对号入座吧!"

孩子们纷纷坐到写有自己号码的区域。

"大家都坐在自己的位置上了吧?那里是自己的区域。总而言之就是'我的土地',别人不能侵犯。谁拿走别人土地上的鸡,谁就是小偷,直接出局!游戏规则跟呼啦圈钓鱼的时候一样。每人有两次30秒的时间去拿,第二次拿的话零食会加倍!

"第一次机会,开始!"

这次大家都坐在自己的位置上,呆呆地看着对方。

"好,第二次机会,开始!"

到了第二次时间,大家都捡了自己区域内的零食。

"老师!我的是两只鸡!买一赠一,噢耶!4个饼干!"宰俊高兴地喊道,其他同学也都带着零食坐下了。

"这次游戏为什么没在第一次拿呢?"娜老师问道。

"那当然,再等30秒不就翻倍了嘛!也不用担心被抢走!"善雅回答道。

"刚才也是只要等30秒就会变多,但那时担心被抢走!这就是为什么牛和鸡不会灭绝,但大象和河豚面临灭绝危机。"

娜老师说完,景浩说:"如果是'我的'的话,会管理得更好啊!"

"是啊,经营养鸡场的人不会一下子把鸡宰完卖的。他们会等鸡下蛋孵化长大,保持鸡的数量,一点一点卖出去,同时也会尽量管理它们的健康。"

在妍的眼睛闪闪发光,好像想到了什么似的:"对,就是这个!肯尼亚问题解决了!如果把大象居住的土地卖给人们,或给予人们一定期限的所有权,让他们管理这片土地和大象的话,肯尼亚的大象数量应该可以维持下去。"

"我也同意。学校卫生间的卫生纸不是都乱用吗？因为不是自己的就随便用。没有公用卫生纸，随身携带的个人卫生纸就会省着用了！给所有权的话，一定能解决一些问题。"诗贤补充说。

"是的，有这个可能，我们按照这个想法给肯尼亚总统写信吧。今天就到此为止！记得下次把信带来！"

# 致肯尼亚总统的信

尊敬的乌胡鲁总统：

您好！

肯尼亚的情况真是令人惋惜。

大象、犀牛面临灭绝的危险，但鸡和牛却并非如此。我们思考了一下产生这种现象的原因，认为是有没有主人的区别。养鸡场老板或牧场主人努力维持作为自己财产的鸡和牛的数量，给它们接种疫苗和注射抗生素，绝对不会一次性抓完或销售。如果出售国家公园的土地所有权，主人就会严格管理大象，其他人也不能随便猎取别人的财产。

实际上，津巴布韦也出现了与肯尼亚相似的问题，据说随着大象居住的土地私有化，问题得到了改善。

希望大象能够安全地生活。

实验经济班的学生们<br>20××年×月×日

## 数学帮帮忙

*数学概念：博弈论（囚徒困境）

**Q. 公共资源遭遇悲剧的原因是什么？**

公共资源枯竭的问题与囚徒困境类似。多数情况下，可以通过加勒特·哈丁（Garrett Hardin）在论文中使用的寓言来解释公共资源的悲剧。

中世纪时期，养羊的村民们靠卖羊毛生活，在他们共同使用的草原中，如果羊的数量过多，草就会因超过自身生长的能力而荒废。为了防止这种情况发生，他们约定只饲养适当的数量。现在，我们把两个牧人放在博弈模型中分析一下。

如果两个牧人都遵守约定，各得的利益是8。如果两个牧人都违背约定，各得的利益是4。如果一个牧人违背约定，多养羊的话，违背约定的牧人得到的利益是12，遵守约定的牧人得到的利益是2。假设两个牧人都只考虑自己的利益，让我们分析一下吧。

牧人甲、乙的博弈模型整理如下（表3-5）。

表 3-5　是否遵守约定的两个牧人得到的利益

| 应对策略 | | 牧人乙 | |
|---|---|---|---|
| | | 遵守约定 | 违背约定 |
| 牧人甲 | 遵守约定 | 8，8 | 2，12 |
| | 违背约定 | 12，2 | 4，4 |

　　从牧人甲的立场来看，如果牧人乙遵守约定，牧人甲遵守约定得到的利益就是8，违背约定得到的利益就是12，所以违约比较有利。如果牧人乙违背约定，牧人甲遵守约定会得到利益2，违背的话会得到利益4，所以也是违背约定比较有利。

　　无论对方采取何种策略，自己不遵守约定都会成为更有利的选择。牧人都违背约定，就会面临公有土地荒废的悲剧。这被称为"公共地悲剧"。但是在现实中，通过共同体的自治协议将公有土地管理好的事例很多。那么，什么样的制度和文化才会让公共地悲剧变成喜剧呢？很多学者都在努力研究它，并将其应用于社会。大家也思考一下，和朋友们一起讨论一下吧！

# 4

# 让公共资源的悲剧变成喜剧
## 通过共同体协议管理公共资源的积极事例

第二天早上，善雅和在妍来找娜老师。

"老师，昨天下课后有一个问题困扰我们，我们来问一下。大象问题可以通过出售土地所有权来解决，那海里的鱼怎么救呢？总不能分割大海出售啊！"

"我觉得分开出售大象居住的土地，对大象来说也是一件可怕的事情，那样大象一家可能会被分离，就像以前帝国主义列强分割非洲的国境线，同一部落分散到了很多国家一样。"

"是的。昨天的视频中，还拍到了小象没有离开死去的妈妈身边，大象如果和家人分开，应该会很痛苦。另外，在广阔的草原上玩耍和在有栅栏的狭窄的地方生活是不一样的。"

善雅说:"一想到视频中的大象就好心痛。"

"我完全没想到大象也会有压力,海里的鱼也是一样。"在妍说。

娜老师说:"看来即使约定捕捞量也很难遵守。如果政府向渔村派遣公务员,监督渔村是否遵守捕捞量约定,怎么样?"

"在肯尼亚也进行了很多监管和限制,但最终还是没能解决。"善雅郁闷地说。

"不管是政府还是企业,这些都是无法解决的苦恼呢。不过,也有一些地方,地区居民签订协议后,会好好遵守。"

听到娜老师的话,两个同学都瞪大了眼睛,同时问道:"在哪里?"

## 克服了公共资源悲剧的村庄,土耳其渔村和巴厘岛梯田的秘密是什么?

"20世纪70年代,据说在土耳其一个叫阿拉尼亚的渔村，居民们为了捕鱼而争吵不休，他们争夺的是容易捕到鱼的位置。"

"然后呢？"

"问题变得太严重了，人们聚在一起签订了共同体协议。协议不是单纯地约定捕捞量，而是定下使用更容易捕到鱼的位置的顺序。"

"啊，今天是我在那里捕鱼的日子，如果别人来了，可以举报吗？"

"当然可以，大家互相监督。"

善雅和在妍似乎找到了解决的头绪，兴奋地说道。

"村子小，人们之间也很了解，如果名声不好了，住在那里不就很难了吗？所以那里的居民会更好地遵守约定。"

"应该是吧。在小小的村庄里，名声坏了就完了。"

"还有其他遵守共同体协议的地方吗？"在妍问道。

"嗯，印度尼西亚巴厘岛有梯田……"娜老师一边在电脑上找照片，一边说。

"这里是山地，人们为了耕种而将山地削成像楼梯一样的水田。山上有湖，溪水经过灌溉渠，由上游流向下游。因为水不够多，上游地区的农民用水多的话，下游地区的农民就没有水种田了。所以为了下游地区的人，上游地区的人会节约用水，下游地区的人会感谢他们，给他们送礼物。"

在妍和善雅沉浸在娜老师的故事中，眼睛闪闪发光地说道："真是个非常温馨的故事啊！这不是公共资源的悲剧，而是喜剧！"

"老师是怎么知道这些的？"听了善雅的问题，娜老师从抽屉里拿出一本书。

"这里记录着这样的事例。一位名叫埃莉诺·奥斯特罗姆（Elinor Ostrom）的学者思索'怎样才能摆脱公共资源的悲剧这一黑暗现实进行合作'。她在全世界寻找了这些事例，并以《公共事物的治理之道：集体行动制度的演进》（Governing the Commons: the Evolution of Institutions for Collective Action）为题发表了著作。这是1990年出版的著作，在2009年她的努力得到了认可，获得了诺贝尔经济学奖。大家要读一下吗？"

善雅一边拿着书一边说："要读一下，应该很有意思！我真的认真思考过，怎样才能打造合作的社会。不过成功的事例好像大部分都是小村庄，在大城市做到这样很不容易，对吗？"

"嗯，看来小的共同体更容易遵守自治协议。就像刚才说的那样，在村里的名声也会更加重要。"

"什么样的制度和文化会让人们更愿意合作呢？"在妍问道。

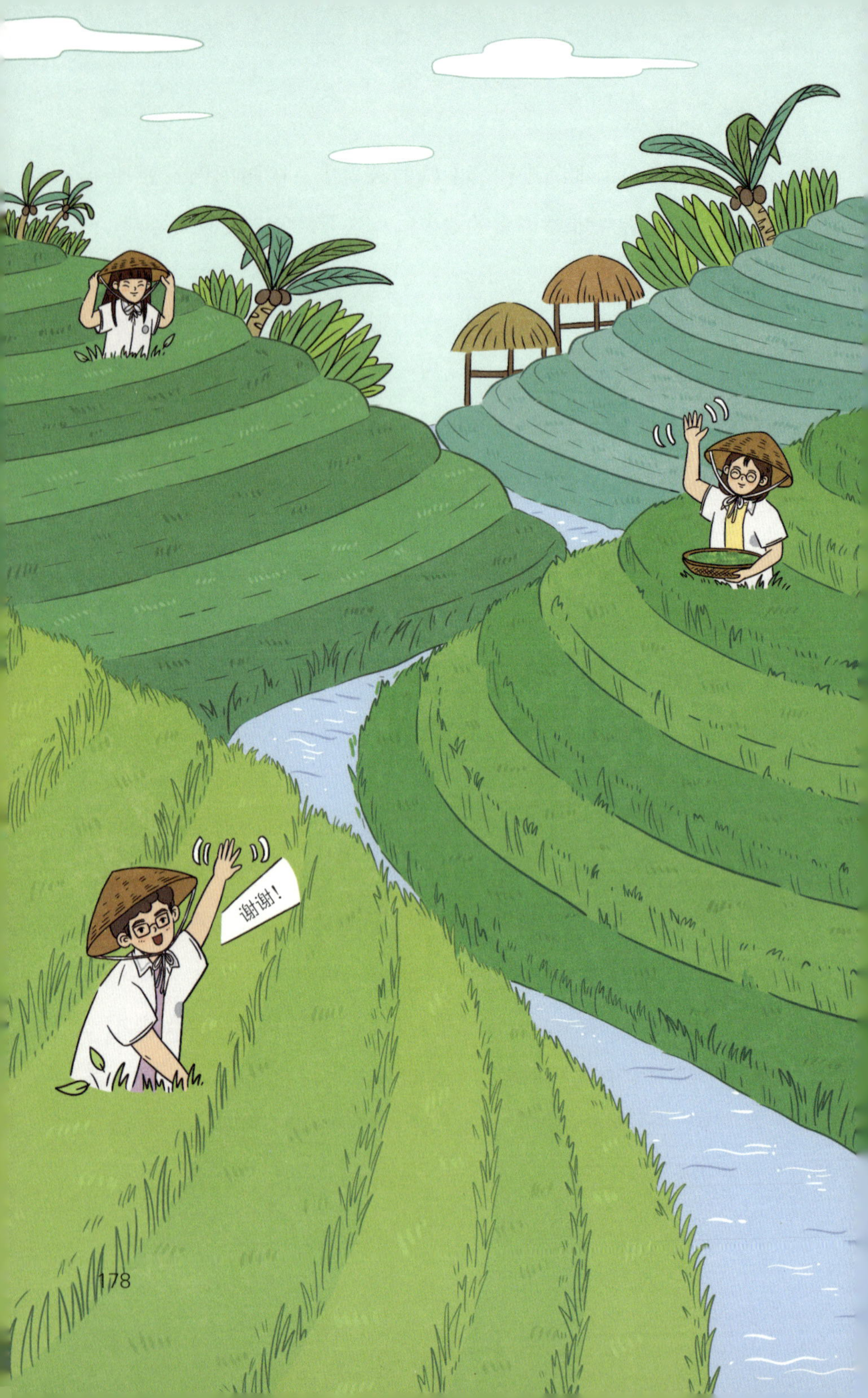
谢谢！

"就是说啊,我们所有人的愿望是:建立起来的社会制度和文化,能让人们互相关照、向着所有人更好的方向一起努力。希望你们能研究一下,帮助世界发展,获得诺贝尔奖。"

"善雅读完之后,我也可以看看这本书吗?"

"当然了,你们慢慢看吧。"

两个人怀着沉重的心情,带着苦恼而来,离开的时候和娜老师打招呼,表情轻松了许多。

## 数学帮帮忙

\* 数学概念：博弈论（囚徒困境）

**Q. 提前学习也是囚徒困境吗？**

现在，争先恐后地提前学习也可能是一种策略性情况：如果其他同学提前学习，只有我不提前学习的话，我可能会落后；如果其他同学不提前学习，我提前学习了，会领先别人，这样更有利于入学考试。让我们来分析一下善雅和景浩这两位同学的情况吧。

---

善雅和景浩都想要更高的分数，两人均未提前学习，只是按照正常进度认真学习，均得 A，同时能保持健康（利益 8）。如果两人过度提前学习，虽然都会得到 A，但是会损害健康（利益 4）。如果只有一个人提前学习，则提前学习的人获得 A+（利益 10），没有提前学习的人获得 B（利益 3）。

现将两人是否提前学习带来的利益汇总成表（表 3-6）。

表 3-6　是否提前学习带来的利益差异

| 应对策略 | | 景浩 | |
|---|---|---|---|
| | | 提前学习 | 不提前学习 |
| 善雅 | 提前学习 | 4，4 | 10，3 |
| | 不提前学习 | 3，10 | 8，8 |

无论对方做出什么行动，提前学习都会成为更有利的行为，所以两人都会提前学习。虽然两个人都不提前学习，而是按照正常的进度学习，对所有人都是最好的选择，但最终两人都会选择提前学习。

经济概念小贴士

# 我们来了解一下公共物品、公共资源问题

**（1）财物的类型**

公园、路灯、游乐场等，我们周围有这些免费使用的财物或服务。这些没有价格的东西，不能根据供需原理来生产。

一般在划分财物类型时，按两个标准来划分，即我们前面讲到的排他性和竞争性。付款消费的财物大多具有排他性和消费上的竞争性。以便利店里的饮料为例，没有付过款的人消费不了，所以有排他性，有人买了饮料喝，别人就喝不了被他买走的饮料，所以有竞争性。兼具排他性和竞争性的财物称为私人物品。没有排他性，消费上也没有竞争性的财物是公共物品。请回忆一下路灯，一旦路灯亮起，就不能阻止特定个人使用（没有排他性），即使有人利用路灯的灯光，也不会影响其他人的消费（消费上没有竞争性）。

公共资源不具有排他性，但在消费上具有竞争性。野

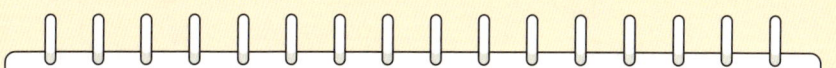

生动物、海里的鱼属于此类。海里的鱼谁都能钓到（不具有排他性），但有人钓到鱼后，别人能钓到的鱼的数量就会相应减少（消费上存在竞争性）。

有些商品虽然有排他性，但在消费上没有竞争性。想想 Netflix、Disney+ 等 OTT[1] 平台吧。虽然需要付费才能使用（有排他性），但一个人使用 Netflix 不会影响其他人的消费（没有竞争性），这种财物被称为俱乐部产品。一般俱乐部产品在生产初期成本很高，但后期增加的费用很少。因此，如果某家公司已经在生产，很多情况下其他公司在后期很难进入该产业。

财物的类型整理如下（表 3-7）。

表 3-7 财物的类型

| 性质 | | 竞争性 | |
| --- | --- | --- | --- |
| | | 有 | 无 |
| 排他性 | 有 | 私人物品：圆珠笔、苹果、培训课程、公路过路费等 | 俱乐部产品：OTT、IPTV[2] 等 |
| | 无 | 公共资源：野生动物、海洋中的鱼、设障的免费道路等 | 公共物品：路灯、治安、国防、基础科学研究、不设障的免费道路等 |

---

1 OTT是Over The Top的缩写，指利用开放互联网为用户提供各种应用服务。

2 IPTV是Internet Protocol Television的缩写，指交互式网络电视。

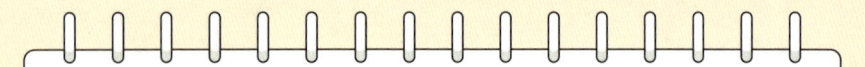

> **经济用语**
> - **排他性**：能阻止其他人消费产品的一种性质。
> - **竞争性**：某个人消费产品让其他人消费产品受限制的性质。

### （2）专利制度和拥堵费的共同点

为应对新冠病毒感染，全世界制药公司都致力于疫苗开发，辉瑞、阿斯利康、莫德纳等多家公司推出了疫苗。这些公司生产疫苗的方法不同，功效也不同。为了让全世界能够快速接种疫苗，人们希望开发疫苗的公司能够共享生产方法，让更多公司生产。

疫苗或药物的研发具有公共物品的特点。因为研发的技术一旦公开，任何人都可以使用，即使没有人使用，研发的技术也不会消失。但是研发需要耗费大量的时间和精力，一旦研发出来，技术就被曝光，谁也不愿意去研发了。因此，通过专利制度赋予特定知识技术排他性权利，在一定时间内，只有开发的人或公司才能使用。

如果想要使用专利技术，需要向发明人支付专利使用费。专利制度将具有公共物品特性的知识技术转化为私人物品。

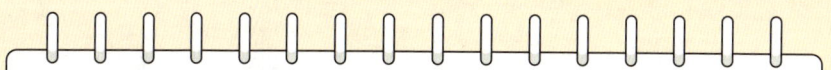

免费使用的道路是公共物品，因此会产生搭免费顺风车的诱因，很难充分供给，所以国家税收产生。但是想想上下班时间的道路，拥堵的道路是不是具有公共资源的特点？本来就堵车，如果有人再开一辆车进来，会更堵的。这种道路可以收取拥堵费，如果征收费用，就会有人想要改道走其他道路，减少拥挤。征收拥堵费相当于将堵塞的道路从公共资源变成了私人物品。

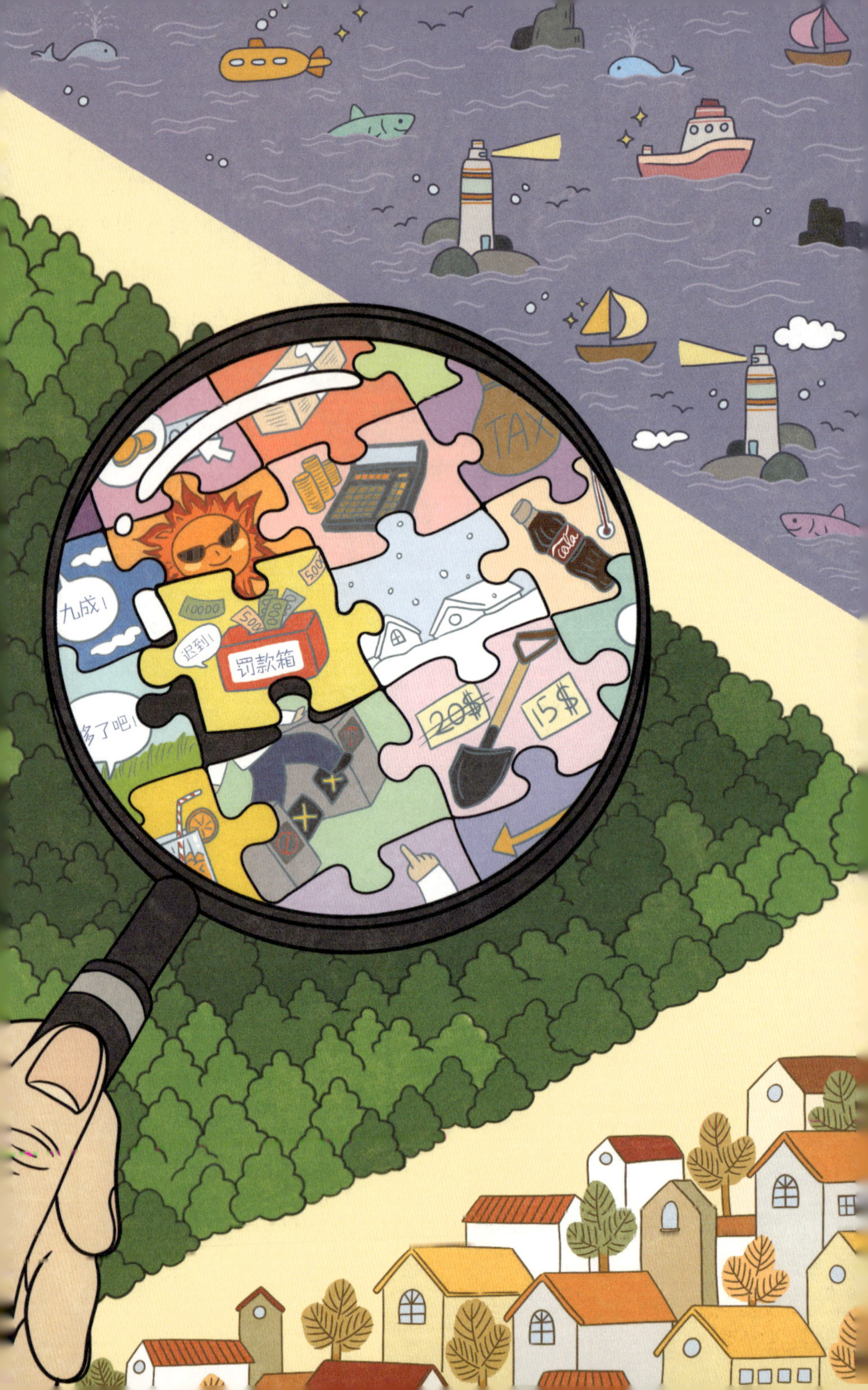

TAX
九成！
5000
10000
5000
迟到！
罚款箱
多了吧！
Cola
20$
15$

第四章

# 公平经济学：
## 不只为经济利益而行动的人们

# 1

# 和朋友分钱，你会怎么分？

## 通过份额博弈学习协商的技巧

在妍、景浩和宰俊一进教室，娜老师就挥舞着 1 万韩元纸币向他们打招呼。

"你们快来，把这个收下。"

娜老师给 3 位先到的同学每人 1 万韩元。

"真的给吗？"在妍收到钱后惊讶地问。

娜老师微笑着回答："可能会拿到这笔钱，也可能不会。这取决于回应你们提议的人！"

"提议？"

"嗯，你们今天是提议者，剩下的 4 位同学是参与者。我们要玩一个游戏，每个参与者都分一份。当然，我也不知道参与者会是谁。"娜老师模糊地说。

不一会儿,实验经济班的7个同学都到齐了。

"今天早到的3位同学每人拿到了1万韩元,没拿到钱的4个人是谁呢?"

昌珉、善雅、圭贤、诗贤举手了。

"请把自己的名字写在纸上,然后折叠起来给我。"

娜老师把写有4人名字的纸条放在纸箱里,让3名提议者每人抽一张。

"纸条上写的人就是今天要分到份额的参与者。提议者先别打开纸条看自己选了谁。现在在妍、景浩、宰俊3位同学提议把刚才收到的1万韩元分多少给纸条上的参与者。金额从0韩元到1万韩元,自由地分给参与者就可以了。例如景浩提议'1万韩元中给你3000韩元',如果参与者接受的话,那么按照提议分钱就可以了。但是这里需要注意的是,如果参与者拒绝提议者提议的金额,两人都拿不到那笔钱!

"钱会被老师拿回来!那现在开始吧!提议者在这张纸上写上向参与者提议的金额,然后确认参与者是谁,最后把纸递过去就可以了。"

听了娜老师的话,3位提议者经过一番思考,各自在纸上写下了提议的金额。

"从现在开始,收到提议的参与者只要接受或拒绝提议即可!开始!"

## 公正性,
## 昌珉拒绝 1000 韩元的理由是?

3 位提议者打开写有提议金额的纸条确认姓名后,递给了参与者。

"我拒绝!"

"OK!接受!"

几乎同时听到了 3 位参与者的声音。

"我听到了拒绝的声音,是谁呢?"娜老师问道。

"景浩说他拿 9000 韩元只给我 1000 韩元,因为不高兴,所以拒绝了!老师,把 1 万韩元拿走吧。"昌珉气喘吁吁地说。

"好吧,约定就是约定,我拿回这 1 万韩元。"

"喂,哪怕是 1000 韩元也好,不是吗?为什么要拒绝,让我也拿不到呢?"景浩盯着昌珉说。

"这不是游戏嘛。两个人都轻松点儿!另外两组都接受了吗?"

"是的！"

两组都很高兴地回答了这个问题。

"那我们来看一下在妍和宰俊向参与者提议了多少钱吧。"

"我是 4000 韩元！"

"我是 5000 韩元！"

在妍和宰俊向善雅和圭贤分别提议 4000 韩元和 5000 韩元。

"大家几乎各分一半啊？但是，如果我们都是只考虑自己经济利益的人，结果会怎样呢？"娜老师问道。

"被拒绝就是损失，所以不会太少，但是不能比自己多，所以才提议 5000 韩元以下吧？"诗贤说。

"那么换个立场想一想吧。对于收到提议的参与者来说，接受多少会对自己有利？"

对于娜老师的提问，景浩回答说："1 韩元！"

"拿 1 韩元比不拿强吧？"

"那么提议者会提议自己拿 9999 韩元，只给对方 1 韩元吗？"

"哎哟，真是个小气的人啊！"宰俊摆手说。

"如果人们都只考虑自己的经济利益，提议者只给参与者最低金额，参与者会接受。但实际上和这次实验的结果一样，并非如此。在多个国家玩这个游戏时，通常向参与者提议 30%~60% 的金额。如果收到不到 20% 的提议，相当多的参与者会拒绝。"

"是啊，因为人拥有一颗温暖的心！不会像景浩你那样做的！"昌珉瞪着景浩说。

"即便如此，人们似乎并不是只考虑自己的经济利益而行动。为什么在提议小金额时会被拒绝呢？"

"因为我认为不公平，所以我拒绝了！"昌珉用力说道。

"是啊，好像是因为觉得不公平才拒绝的。昌珉花了 1000 韩元的代价，等于处罚了不公平的景浩。因为放弃自己的 1000 韩元，景浩连一分钱都没有了。这种向往公平的心态也会影响社会制度和文化的形成。你们知道地主和佃农的关系吗？"

"地主就是土地的主人吗？"

"佃农不是在地主的土地上耕种，把收成交给地主吗？"

圭贤和诗贤分别说。

"没错。但是地主和佃农的关系中，你们觉得农产品怎么分？"

"不是 9∶1 左右吗？因为地主应该很贪心吧！"还没

有消气的昌珉瞪着景浩回答。

"从历史上看,几乎分成了5∶5。我想是不是因为大家内心对公平的追求,才导致了这样的结果。今天的课到此结束吧!"

"世界上没有像景浩这样的人,真是万幸。"

"我本来就是乐善好施的人。你怎么那样?"

昌珉和景浩依然吵吵闹闹,诗贤悄悄地举手说道:"老师,抽签时没有抽到我的名字。今天我看了其他同学的活动,虽然很有趣,但有点伤心。如果再做这样的活动,从公平的角度出发,让我来当提议者吧!"

"好,下次吧!"

对于娜老师的回答,诗贤笑着点了点头,大家友好地离开了教室。

上交九成!

## 数学帮帮忙

\* 数学概念：博弈论（份额博弈，逆向归纳法）

**Q. 我们用逆向归纳法来预测一下份额博弈会是什么结果呢？**

让我们更详细地了解一下实验经济班进行的份额博弈。游戏参与者是两个人，给一个人1万韩元的话，那个人就会成为提议者，向参与者提议如何分钱。

为了简单分析游戏，假设提议者可以在两个方案中选一个：要么自己拿9000韩元，给参与者1000韩元（即9∶1提议），要么两人公平地各分一半，每人5000韩元（即5∶5提议）。

对于提议者的提议，参与者可以拒绝，也可以接受。但是，如果参与者拒绝提议，提议者和参与者都拿不到钱。

这样的游戏可以用图4-1来描述。

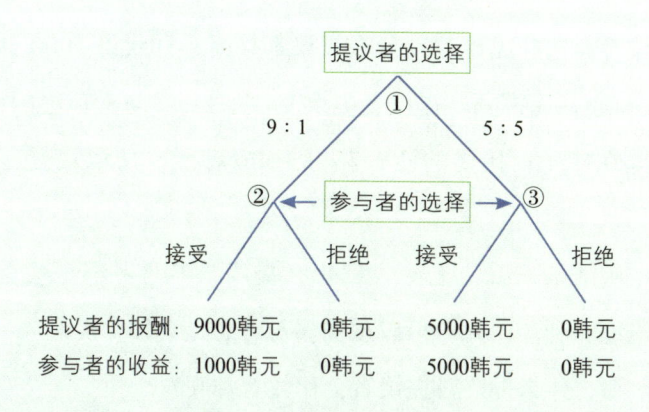

```
                    提议者的选择
                         ①
              9:1   ╱      ╲   5:5
                   ╱        ╲
                 ②  ← 参与者的选择 → ③
                ╱ ╲              ╱ ╲
              接受 拒绝         接受  拒绝

提议者的报酬: 9000韩元  0韩元   5000韩元  0韩元
参与者的收益: 1000韩元  0韩元   5000韩元  0韩元
```

图 4-1 份额博弈的构成

如果提议者选择 9:1 提议和 5:5 提议之一，则参与者可以接受或拒绝。如果提议者选择 9:1 提议，博弈就会达到②；如果提议者选择 5:5 提议，博弈就会达到③。在②和③中，参与者可以选择接受或者拒绝提议。然后在图的最下面标注提议者和参与者各自获得的结果（收益）。

像传统经济学中假设的那样，如果人们都只考虑自己的经济利益而行动的话，预测一下会有什么结果吧。按照这种情况，从后面开始逆向思考一下。

先站在提议者的立场上想想吧。提议者会预测参与者只考虑自己的利益行事。比起拒绝而获得的 0 韩元的收益，参与者会选择无论收到什么提议都接受，并获得 1000 韩元或 5000 韩元报酬。提议者提议 9∶1 时：参与者拒绝的话，获得 0 韩元；接受的话，获得 1000 韩元。所以接受比较有利。

从结果来看，无论收到什么提议，参与者都是接受比拒绝更有利。因此，可以预测参与者总是会接受提议。

那么什么提议对提议者会比较有利呢？

如果认为参与者会接受任何提议，那么提议者提议 9∶1 可以最大限度地获得自己的利益。因此提议者提议 9∶1，参与者接受该提议。

这种从后往前追溯并推论的方式称为"逆向归纳法"（backward induction）。下面我们一起来看一下逆向归纳法（图 4-2）。

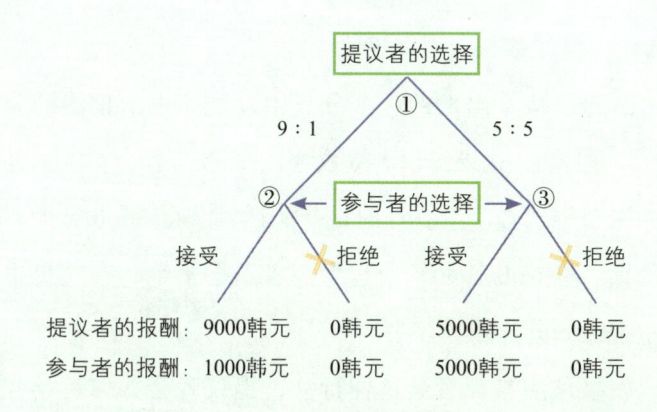

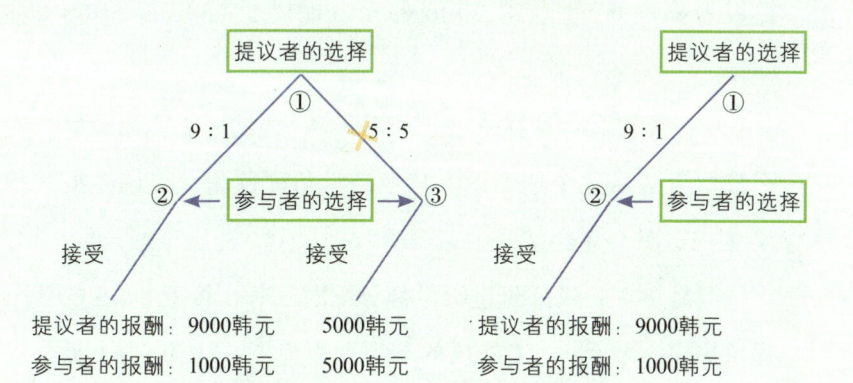

图 4-2　逆向归纳法预测博弈

如果提议者提议 9∶1，参与者从②开始，参与者接受提议可获得 1000 韩元，拒绝可获得 0 韩元。1000 韩元大于

0韩元，预计参与者不会拒绝。

因此，从②出发的两个分支中，删除表示拒绝的分支（用×表示）。如果提议者提议5∶5，参与者会在③延伸出来的两个中选择一个。这时接受的话，获得5000韩元；拒绝的话，获得0韩元。所以参与者不会拒绝，在这里也把表示拒绝的分支删掉。

如果预测参与者会这样行动，提议者会如何行动呢？提议者提议9∶1获得9000韩元，提议5∶5获得5000韩元。

所以提议者会选择9∶1。把表示5∶5的分支去掉，那么就留下最后这个树形图。从经济学角度预测，提议者提议9∶1，参与者会接受。

但是在实验经济班进行份额分配游戏时，接近5∶5的提议更多，收到9∶1提议的参与者拒绝了。认为9∶1提议不公平的参与者放弃了自己的利益，果断地拒绝了提议。在全世界多个国家进行了实验份额博弈，结果都差不多。在我们心里是不是有比经济利益更珍惜的东西呢？

# 2

## 施仁政会回来吗?

### 通过信任博弈了解互惠

娜老师没有忘记上次和诗贤的约定,拿着几张1000韩元的纸币和同学们打招呼。

"同学们,你们好!上次诗贤没能参加,是我考虑得不够周全。今天我也参与进来,所有人一起玩游戏吧!诗贤先收5000韩元!上次参与者还有谁来着?"

"我们!"

善雅、圭贤、昌珉举手了。

"好,3个人每人5000韩元!"

"老师!上次不是给提议者每人1万韩元嘛!为什么我们是5000韩元?"昌珉从娜老师那里收了5000韩元,

说道。

"今天的游戏方式不同，收到的金额可能会更大！我来解释一下游戏规则。现在收到 5000 韩元的 4 个人可以给参与者钱，金额在 0 韩元到 5000 韩元的范围内。钱给到参与者手中的瞬间，魔法就会发生，钱会变成 3 倍！参与者可以将收到的部分或全部钱返还给提议者，当然不用还给我。"

"我们没有拒绝或接受的机会吗？"诗贤问道。

"嗯，这就结束了。"

"感觉我好像没有选择权了。"诗贤带着怀疑的表情说。

"你可以选择不给参与者钱啊，最初的选择取决于你。"娜老师说。

"首先，让我们抽签决定参与者。没拿到 5000 韩元的景浩、在妍、宰俊在纸上写上名字放这里，我自己的也放进去了。"

3 位同学各自在纸条上写上自己的名字，然后放在篮子里。

"收到 5000 韩元的 4 个人在这里选出参与者后，到参与者那里按照规则分钱就可以了。今天要确认参与者是谁，然后决定给多少钱。"

"啊，这是命运的恶作剧吗？我的参与者是景浩！"

昌珉满脸失望地走近了景浩,看着景浩苦恼了很久,最终还是没有给景浩钱。

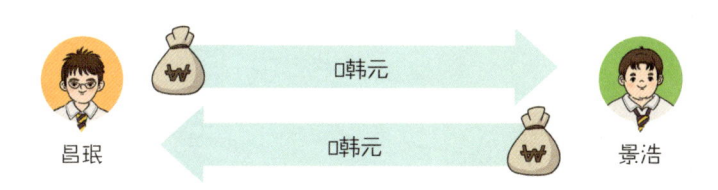

"对不起!我实在无法相信你。"

"要相信我啊!我是多么正义的人啊!"景浩气呼呼地说。

圭贤和在妍,诗贤和宰俊,善雅和娜老师是另外三组。

圭贤对在妍说"我相信你",并给出了 5000 韩元。在妍收 5000 韩元的瞬间,娜老师笑着给了她 1 万韩元。

"在给的过程中,有增加到 3 倍的魔法吧?我的手就是魔法!"

拿到 15000 韩元的在妍把 8000 韩元还给了圭贤。

圭贤　5000韩元　×3　15000韩元　在妍
　　　　　　8000韩元

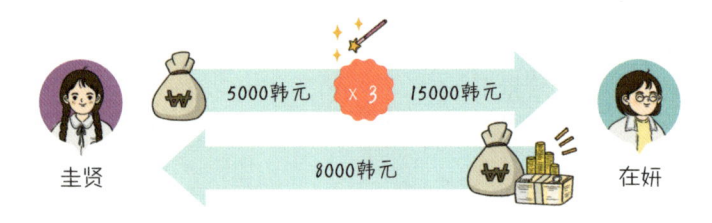

其他两组的交易如下。

诗贤　3000韩元　×3　9000韩元　宰俊
　　　　　　4000韩元

善雅　5000韩元　×3　15000韩元　娜老师
　　　　　　9000韩元

## 互惠性，
## 人们不以经济利益为标准

"圭贤，你怎么把5000韩元初始金额都给了在妍呢？"娜老师问圭贤。

"在妍本来就很讲信用，是遵守约定的朋友，所以我选择相信在妍。"

"圭贤原来很信任在妍啊。在妍是出于什么考虑返还了8000韩元呢？"

"我当然很感谢圭贤了，因为相信我，把初始金额都给了我。出于感激之情，所以返还了8000韩元。"

"那么善雅，你是因为什么才把收的钱都给我了呢？"

"我也相信老师，老师难道会不把钱还给我吗？"

"原来如此。我也很感谢相信我的善雅，所以才退还了9000韩元。那么诗贤呢？"

"我也相信宰俊，但无法100%信任他。宰俊可能会自己吞掉变成3倍的钱，所以我自己留了2000韩元。"

"你就这么不了解我吗？我这么正义的男人。"诗贤的话让宰俊兴奋地说。

"因为很相信，所以才给了5000韩元中的3000韩元！"

"嗯，也很感谢。所以我也在9000韩元中返还了4000

韩元!"

诗贤和宰俊互相看着对方说。

"昌珉啊,你好像很难相信景浩。"

"是的,他只考虑自己的利益。上次在分钱游戏中,景浩是提议者的时候选择了9∶1提议,当时我觉得要给我超过1000韩元的金额,我才会接受。这次不管多少钱,我都会私吞的。"

"你和我是好兄弟,还说这些吗?"

依然吵吵闹闹的昌珉和景浩互相瞪着对方说。

"做得好,昌珉。但是在这次游戏中可以思考什么呢?"

娜老师提出问题后,实验经济班的同学们似乎陷入了沉思。

"刚开始向对方提供资金的人的行动完全取决于是否信任对方。"

"是啊。圭贤相信我,给了我5000韩元。善雅也是。"

善雅回答完,在妍说。

"所以把这个游戏命名为'信任博弈'。站在参与者的立场上,你们是怎么行动的?"娜老师看着扮演参与者的孩子们问道。

"从参与者的立场来看,感觉自己是在报答对方的好意。"

"是的。我也很感谢圭贤,所以返还了15000韩元中超过一半的8000韩元。"

诗贤和在妍说。

"如果我们所有人都只顾自己的利益行事,那会是什么结果呢?"

"像我们一样!"

景浩和昌珉举手说。

"反过来想一想就可以了,如果参与者只考虑自己的利益,那么即使什么都不返还,也还是有利的。所以预测到这一点的提议者不会给任何钱。"昌珉用充满信心的眼神看着景浩,回答道。

"对,但实际上我们并不是这样,越是信任对方,就越会给出更高的金额,而且参与者也会返还所得到的回报。这样看来,社会是不是并不像经济学家们预测的那样非常黑暗呢?"娜老师点点头,对昌珉说。

"好像是那样。但如果对方是完全不认识的人会怎么样呢?"静静地陷入思考的圭贤问道。

"即使是完全不认识的人,也会在一定程度上信任对方并支付金额,对方也会报答好意。这个实验在很多国家都有过,社会本身越是形成了相互信赖的文化,来往的金额就越大吧?"

"是的,重要的是要打造一个相互信赖的社会!"听完娜老师的话,善雅补充说道。

"瑞士苏黎世大学的恩斯特·费尔(Ernst Fehr)教授和同事们以人们的善意回应为前提,尝试将该实验运用到劳动力市场。在劳动者和企业进行工资协商的过程中,劳

动者提出想要的工资，企业提出适当的工资，达成协议后签订雇佣合同。参加实验的企业有7家，愿意就业的有11人。听说每个企业在11个劳动者中只能雇用一个。签订完雇佣合同的话，就会出现4个失业者。假设所有人都是根据经济利益行事的话，大家来预测一下实验结果吧！"

"各企业应该雇用了工资要求最低的人吧？"景浩说。

"你真的这么认为吗？但是7家企业给出的工资远远高于劳动者要求的平均工资。很奇怪吧？"

"什么？我觉得那些企业很快会倒闭！反正劳动者会按规定得到工资，所以即使给比预期高的工资，也不会更加努力地工作。为什么多花冤枉钱呢？"

"人家确实如此，都以为是你呢！如果我的工资高的话，会更加努力工作的！"看到景浩似乎感到惊讶，圭贤对他说。

"真的有很多像圭贤一样的劳动者。事实上，劳动者在签订合同后，不管自己干多少、怎么干都会拿到约定的工资，却因为给的工资高而更加努力工作。"

"我知道为什么了。"一直静静地听着的善雅说。

"善雅，你觉得为什么会那样？"

"想象一下，这里的工资比其他地方的工资要高，说明这个工作岗位更珍贵，员工也会心存感激。"

"对，我也是这么想的。如果心存感激的话，我会更加努力工作的。"在妍附和着善雅说道。

"乔治·阿克洛夫（George Akerlof）教授将这样的结果解释为'礼物交换'。"

"是提出了二手车市场理论的那位吗？"在妍问道。

"没错。乔治·阿克洛夫教授形容劳动力市场也和二手车市场一样，在劳动力市场上签订劳动合同时，不知道劳动者会努力工作到什么程度。这时企业给劳动者送上高工资作为礼物，收到礼物的劳动者就会为了回报这份好意更加努力工作。"

"哇，好温馨啊。互相信任，互有好感，互相报答好感！"在妍点点头说。

"我们的社会不就是因为人们心中有这样的信任和'互惠'而值得生存的吗？"

"对！互惠性很棒！希望能形成提高人们互惠性的制度和文化。"善雅双手合十说。

"好，我们一起再想一想吧。今天就先下课了！"

# 3

## 以眼还眼，以牙还牙
### 通过引入处罚的公共物品博弈观察相互性

实验经济班的同学们收到娜老师的短信后聚集在计算机室。

"今天玩电脑游戏吗？"

"叮叮当！我要玩电脑游戏！"

宰俊问完，娜老师说："还记得以前我们玩过的一个游戏吗？大家每人1000韩元，把其中一部分或全部存入公共账户，账户里的钱翻番然后平分给大家。"

"是啊，攒到很多钱就能得到空气净化器，但没成功。"圭贤遗憾地说。

"今天我打算带大家用电脑玩和当时相似的游戏。看前面的屏幕：'已经给您发放了20个虚拟金币。您想捐赠几个给公共账户呢？'每个人打开电脑之后，都会看到屏幕上这样一模一样的内容。大家都看到了吗？"

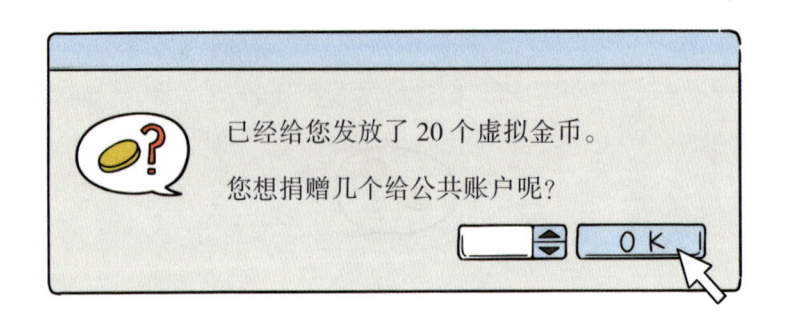

已经给您发放了20个虚拟金币。
您想捐赠几个给公共账户呢？

OK

"是的，看到了！"

"这次不是用钱，而是用虚拟金币啊？"

宰俊和景浩兴奋地说。

"没错，就当一个虚拟金币是100韩元吧，那相当于每人收到了2000韩元。我们分两组玩游戏，一共7个人，一组3个人，一组4个人，每个人先确定自己使用哪台电脑。游戏中各位不知道自己和谁是一个组的。"

同学们集中精神看屏幕，似懂非懂地点点头。

"好，每个组都有公共账户，其中包含各位捐出的部分或全部虚拟金币。在显示器画面中央的空格输入要捐赠的虚拟金币数,按 OK 按钮即可。像上次玩的游戏一样,收集到公共账户里的虚拟金币将会翻一番。"

听到娜老师的话,景浩眼睛一闪一闪地说:"两倍的钱是平均分给组员吗?和上次的游戏一样!把所有的钱都存到公共账户里对全组来说是好事,但个人最大的利益就是自己一个金币都不捐,全归自己所有。"

"是啊,景浩记得很清楚啊。但是这次的游戏规则和上次有点不一样。"

娜老师再次指着屏幕进行了说明。

"按下 OK 键,就会出现这样的表格(表 4-1)和说明。可以看到,在自己所在的组里,除了自己以外,其他人做了多少贡献!"

娜老师说完后,诗贤大声说:"哇,那个叫 A 的家伙完全是免费搭顺风车啊!"

"没错,不过,这次有机会惩罚这样的人!如果想惩罚毫无贡献的 A,可以在表格的空格中填写扣除 A 的虚拟金币数,但不能超过 10 个!"

"噢耶!原来有机会处罚那些几乎没有把钱存入公共账户的人啊?我要把那些家伙的利润全部扣掉!"宰俊握紧拳头,兴奋地说。

"为什么不能扣除 10 个以上呢?"在妍看着宰俊冷静

* 某组有3名成员,其中一名成员贡献了16个虚拟金币,这一轮该组公共账户中的虚拟金币数为30个。表4-1显示了该组其他成员对公共账户的贡献。
* 额外发放10个虚拟金币,可以用来扣除其他成员的虚拟金币。但是,在扣除其他成员的虚拟金币时,自己的虚拟金币也会相应扣除,扣除的数量不得超过10个。
* 在表格的空格中写上扣除对方虚拟金币的数量,数量范围1~10个。

表4-1 每组成员对公共财产的贡献

| 组员 | 组员A | 组员B |
|---|---|---|
| 贡献额 | 0 | 14个 |
| 收到的虚拟金币数 | 40个 | 26个 |
| 额外发放的虚拟金币数 | 10个 | 10个 |
| 扣除的虚拟金币数 |  |  |

注:收到的虚拟金币数 = 20 - 贡献额 + $\dfrac{2 \times 公共账户中的虚拟金币数}{组员个数}$。

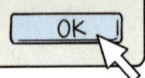

OK

地问道。

"嗯,从表格中就能看到额外发放的虚拟金币数。这10个额外发放的虚拟金币是用来处罚其他人的。"

"只有在额外发放的10个虚拟金币的范围内才能扣除

别人的虚拟金币啊。"

听了娜老师的说明，善雅点头说道。

"嗯，善雅理解得很好。但重要的是，扣除别人的虚拟金币，自己的虚拟金币也会扣除。"

"啊！处罚就是处罚，难道是花我的钱处罚别人吗？"听了娜老师的话，景浩问道。

"没错。想处罚别人，可以扣除他的利益，但是需要用自己的钱。如果只考虑自己的利益，不处罚别人就行了。"

"哇，真让人苦恼！要不要扣除我的虚拟金币，以正义的名义去处罚别人呢？这就是问题所在。"

"嗯，选择处罚的人应该很少吧？怎么会有人宁肯自己吃亏也要处罚别人啊！从结果倒推想想看，为了自己的利益着想，没有理由去处罚他人。那么，最好不要对公共账户做贡献。"

昌珉说起话来像演讲一样，同时，旁边的景浩自信地说。

"是啊，真不愧是你！但是人们应该不会这样吧？人们想要处罚别人，就算花自己的钱也在所不惜。社会上的承诺也能因此得到很好的遵守！"圭贤带着"真拿你没办法"的表情，向景浩大喊。

"两个人都说得对。我们究竟会做出怎样的选择呢？真是令人期待。"看着景浩和圭贤对话,在妍激动地说。

"但是游戏结束后怎么收钱呢?"景浩举手提问。

"对了,景浩问了一个非常重要的问题。老师的电脑可以查看每个参与者的收益是多少。游戏结束后,告诉我电脑的号码,每个虚拟金币100韩元,最后根据结果给大家相应的报酬。那么开始游戏吧!"

## 相互性,
## 带动合作的力量

游戏开始后,实验经济班的同学们都盯着电脑屏幕投入其中。大家各自设置好存入公共账户的虚拟金币的数量后,按了OK按钮。

"什么呀?我贡献了15个呢!这些家伙只有1个吗?不是吧,C完全是搭顺风车啊!"

"要开始处罚了!"

到处传来叹息声和呐喊声,游戏结束了。

"再玩一次游戏!开始!"

在娜老师的呼喊声中,第二次游戏立即开始了。大家默默敲着电脑键盘,这次也十分安静。

"哇！这次都成了天使！"

"看来处罚确实很可怕！"

过了一会儿，娜老师在黑板上写了游戏结果（表4-2）。

表4-2　两次游戏的平均贡献额

| 游戏 | 公共账户平均贡献额（虚拟金币数） | 惩罚用平均虚拟金币数 |
|---|---|---|
| 第一次游戏 | 10个 | 6个 |
| 第二次游戏 | 17个 | 0.2个 |

"还记得上次每人分配1000韩元，存入公共账户的钱，一共是多少吗？"

"当时好像是3000~4000韩元。"娜老师一问，在妍翻阅笔记说。

"嗯，当时攒了3200韩元。7个人的初始金额7000韩元，其中贡献了3200韩元，占比46%左右，算是比较多的。这次贡献更大了，初始金额是每人20个虚拟金币，在第一次游戏中平均贡献了10个，有50%之多！第二次平均贡献17个，足足有85%！"

"惩罚带动了合作！看来在第一次游戏中搭顺风车的人受到了严重的惩罚。所以在第二次游戏中大部分人都做出了贡献。"主贤握紧拳头说。

"是啊。虽然只是游戏，但通过这个实验，不也能看出人们内心实际上不一定只根据经济利益行动吗？"

听了娜老师的话，善雅点头说道："对，这个游戏中的惩罚是花自己的钱去做的。能看到人们对于那些不遵守社会规范的人，也许有通过自己的努力进行处罚的心理。"

"而且处罚效果很好啊！"

"在第一次游戏中，虽然知道可能会受到处罚，但是好像会有人像景浩那样，认为没有人花自己的钱处罚别人，想搭顺风车。但是当这些人真的被处罚，他们的虚拟金币

损失了之后,在第二次游戏中,好像变得更加合作了。"

在妍和善雅说。

"要想遵守社会规范,处罚很重要啊!"

圭贤强调处罚的作用,这时娜老师问道:"不论何时,处罚都能让人们的行为变得更好吗?"

"是的,因为害怕处罚就会遵守规范!"

## 处罚和补偿,
## 有增强合作的效果吗?

"可以这么想,但是好像不是一直如此。这是发生在以色列海法地区幼儿园的事情。家长们本来应该在下午 5 点之前来接孩子的,但是很多父母都迟到,所以几家幼儿园让迟到的父母按照迟到的时间交罚款。结果怎么样呢?"

"迟到的父母会不会减少一些呢?"圭贤说。

"没有,听说反而增加了。实行罚款制 7 周后,迟到的父母比以前多两倍,这是怎么回事?很奇怪吧?

"更神奇的是,16 周后取消了罚款制,又像以前一样,但迟到的父母并没有减少。"

"什么?为什么会有这种事?"宰俊惊讶地问道。

"没有罚款的时候,如果父母迟到,就会对幼儿园的老师感到抱歉,可能会因为愧疚感不再迟到。但是实行罚款制后,因为晚了会交钱,就觉得这是用钱买时间的一种交易,所以迟到的父母更多。有一种解释是,因为产生了这种认识,所以即使取消罚款(认为价格降低到了0元),迟到也不会减少。"

"哎哟,人心真复杂。所以他们才没有按照规定去做吧!"娜老师的说明让善雅不禁感叹起来。

"所以我们需要学习和思考这样的问题。"

善雅苦恼了一会儿,问娜老师:"老师,不要处罚,给个奖励怎么样?在我们的游戏中,也有过这种方式,给做出巨大贡献的人奖励。"

"这类方法是试过。当时的奖励用的都是我自己的钱。"

"哪个效果更好?"圭贤眨着眼睛问道。

"处罚和奖励都有类似的增强合作的效果。我做实验的时候也是这样,很多学者的研究结果也是这样。另外,在处罚或奖励时,通过功能磁共振成像(functional magnetic resonance imaging)观察人们的大脑,会发现感到喜悦时活跃的大脑区域被激活。科学发现,对不遵守规范的人进行处罚或给社会合作的人奖励本身就是一种快感。很神奇吧?"

"善有善报，恶有恶报！这就是真理啊！"听到娜老师的话，圭贤拍手说道。

"对施以善意的人，我们会产生报答之心，对违反规范的人，我们会产生处罚之心。这种心情可以用'相互性'来形容。"

"因为是和具有互惠性的人一起参与经济生活，所以从长远来看，为了个人利益，善意的行动、施舍才更有益处。如果对方不配合我们，我们也可以不配合对方，但最好一开始就友好合作。"

"反正你总是在思考如何自己获利！"

景浩说得很真挚，昌珉看着他说道。

"正如景浩所说，即使考虑到个人利益，只要是在具有相互性的人之间，就会以合作的方式开始。如果对方合作的话，我们就会合作，如果对方违约的话，我们也违约，这样的策略比较有利。这个策略又名'以牙还牙'（Tit for Tat，TFT）策略，虽然和我们玩过的游戏相似，但这个策略被认为是双人玩游戏获利最多的策略。"

听到娜老师的话，在妍陷入了思考。

"想到很多人是因为长期合作有利才选择了合作，心里会觉得不好受啊。那些真正想帮助别人的心意会不会被影响呢？"

"原来是在考虑动机啊。不管怎么样,只要社会成为人们互相合作的社会不就好了吗?"

"我认为人们善良的动机也很重要。"

"正如在妍所想的那样,肯定也有人出于纯粹的利他之心而行善。我也希望这样的人越来越多。"听了在妍和善雅的对话,娜老师说道。

"老师,我以后想研究将互惠性最大化的方法,为了建设更好的社会,制定这样的政策!"善雅微笑着说。

"是的,希望社会将来能发展成那样的社会。那么今天的课就结束了!"

"老师,你得给我们游戏获得的报酬啊!"

"好吧,好吧。请说出各自电脑上的号码!"

同学们互相看着各自账户里的金额,发现景浩今天获得了最多的利润。

## 数学帮帮忙

*数学概念：博弈论（重复出现的囚徒困境），等比数列的和

**Q. 反复玩游戏能摆脱残酷的现实吗？**

---

如果不是只玩一次游戏就结束，而是反复玩会怎么样？如果两者之间的相互作用持续下去，就会说"如果你对我好，我也会对你好的；如果你表现不好，我也和你一样"，会不会产生"以牙还牙"的想法呢？就算两个人只顾自己的利益，这种策略难道不是最能提高长期利益的吗？

假设游戏不知道什么时候结束，以80%的概率反复进行利润计算，情况如下（表4-3）：

如果两个人都遵守约定，两人都会获得1的利润，如果两个人都违背约定，则利润为0。一人守约，一人违约，守约者得-1（赔1），违约者得2。在这种情况下，如果只玩一次游戏就结束，那么两个人都违背约定是唯一达到纳什均衡的状况，陷入囚徒困境。

表 4-3  是否守约得到的利润

| 应对策略 | | 对方 | |
|---|---|---|---|
| | | 遵守约定 | 违背约定 |
| 我 | 遵守约定 | 1, 1 | −1, 2 |
| | 违背约定 | 2, −1 | 0, 0 |

在游戏以 80% 的概率反复进行的情况下，两人都会采取"以牙还牙"的策略（如果对方遵守约定，我也遵守约定，否则我也不遵守约定）。如果我遵守约定，对方也会遵守约定。那下次玩游戏的时候，两个人也都要遵守约定。在这种情况下，来计算一下我的总利润（报酬）。

在第一次游戏中，如果两个人都遵守约定，就会获得 1 的利润。而且第二次游戏可以期待有 80% 的概率得到 1 的利润，所以预期利润是 $1 \times 0.8$。那么第三次游戏的概率是 $0.8 \times 0.8$。也就是说，第二次游戏的概率为 0.8，而第三次游戏的概率是第二次的 0.8。第三次游戏的预期利润是 $1 \times 0.8 \times 0.8$。

第四次游戏的预期利润将是 $1 \times 0.8 \times 0.8 \times 0.8$。如果这样无限地持续下去，我的总利润（报酬）如下：

$$1+1\times0.8+1\times0.8^2+1\times0.8^3+\cdots\cdots+1\times0.8^n$$

$a+ar+ar^2+ar^3+\cdots\cdots+ar^n$ 这种形态的数列在数学中称为"无限等比数列"。在 $r$ 比 1 小的情况下，无限等比数列的和可以用公式 $\dfrac{a(1-r^n)}{(1-r)}$ 计算，因为 $r$ 比 1 小，$1-r^n$ 接近 1，所以可以用公式 $\dfrac{a}{1-r}$ 计算：

$$1+1\times0.8+1\times0.8^2+1\times0.8^3+\cdots\cdots+1\times0.8^n=\dfrac{1}{1-0.8}=5$$

在这种情况下，如果使用"以眼还眼，以牙还牙"的策略，就可以期待获得 5 的利润了！对方的预期利润也是一样的。

如果对方使用"以牙还牙"的策略，而我使用不遵守约定的策略会怎么样？在第一次游戏中，我会得到 2 的利润，但从那以后，利润将一直为 0，预期的总利润为 2。这种情况下，即使是为了利润，也会互相遵守约定（从互相遵守约定开始，使用"以牙还牙"的策略，就会一直遵守约定，可以获得 5 的利润）。

如果游戏重复的概率是 20%，会怎么样呢？如果双方开始都遵守约定，并使用"以眼还眼"的策略，则利润为 $\frac{1}{1-0.2}$ =1.25。因此，在有 20% 的概率重复的游戏中，不遵守约定得到的好处更大。

如果以足够高的概率继续玩游戏，即使是为了自己的利益，也应该采取"遵守约定，以牙还牙"的策略。那么，这里"足够高的概率"是多少呢？

在这个游戏中，如果是 $\frac{1}{1-r}$ >2 的话，概率就足够高了。2 是使用违背约定策略时的期待利益，所以 $r$ 大于 0.5 就可以了。根据游戏的不同，"足够高的概率"的值会有所不同。在这里，如果游戏以高于 50% 的概率继续下去，即使是为了自己的利益，也能摆脱因徒困境！

# 4

## 天气越热,可乐越贵吗?

### 通过公平思维实验理解公平经济学

娜老师一进教室,就分给实验经济班的同学每人一杯可乐。

"你们喜欢可乐吗?"

"是的!当然了。"

"特别是热的时候,更想喝!"

大家异口同声地说。

"是吧?热的时候更想喝冷饮吧?所以可口可乐曾出过一个主意。"

"是什么呢?"在妍急忙拿出本子问道。

"可乐自动售货机安装了温度传感器,如果气温升高,价格就会上涨。天气热的时候,人们可能更想多喝点冰可乐,能卖得贵一点。"

"哇,太牛了!好聪明啊!"景浩带着感叹的表情喊道。

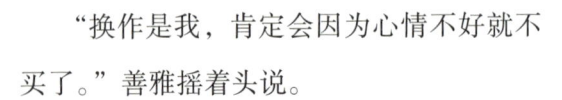

"换作是我,肯定会因为心情不好就不买了。"善雅摇着头说。

"对,所以很快就被废除了。"

"我就知道会这样,因为感觉价格不公平。"听了娜老师的话,圭贤说。

## 公平的经济学,
## 公平对人们的行为有什么影响?

"想象一下,在炎热的夏天,你在海边散步,突然想喝凉爽的橙汁。这个时候有两种选择:从附近的高级酒店买回来和在海边简陋的咖啡厅买回来。两家店都卖同一种好喝的橙汁,果汁质量、味道都一样。想想在高级酒店里卖的果汁和在简陋的咖啡厅里卖的果汁,你分别愿意出多少钱。"

大家在脑海里想象的时候,娜老师先问圭贤:"圭贤,你打算为酒店的果汁支付多少钱?"

"7000韩元左右。"

"在海边咖啡厅卖的果汁是?"

"1000韩元。"圭贤回答道。

"那么诗贤呢?"

"我的话,酒店的果汁是8000韩元,咖啡厅的果汁是2000韩元。"

"大家都差不多吗?"

听了娜老师的提问,景浩举手说道:"同样的果汁就不能支付同样的价格吗?"

"是啊。和景浩想法一样的人举一下手吧。"娜老师问完,大家都摇头,不举手。

"像景浩一样思考的是经济学中所说的'经济人',他们认为从同样的物品中得到的满足感相同,就应该支付相同价格。"

听了娜老师的话,宰俊大声说道:"酒店的维护费用不是很高吗?破旧的咖啡店比较省钱。"

"对,我也同意!如果在破旧的地方收高价的话,那就是强盗行为了!"圭贤也赞同宰俊的意见。

"总的来说,我认为成本低的话,价格也低才是公平的。"

"当然了!虽然偶尔也会有像景浩一样思考的同学!"

娜老师说完,昌珉说。

"再考虑一下这个问题吧。在美国,冬天下大雪的话,每家不是应该各自收拾家门口的积雪吗?"

"是的,好像听说过。如果不清理自己家门口的积雪,万一有人受伤,他也有责任。"圭贤回答道。

"对,所以下暴雪的时候,大家都会拿起雪铲清理家门口的雪。但是如果没有雪铲,急着在小区五金店买新的,发现平时卖15美元的雪铲,因为下暴雪而卖20美元的话,会怎么样呢?"

娜老师说完,宰俊喊道:"这家店真坏!"

"就像我们在苹果市场实验中所知道的那样,如果需求增加,价格自然会上涨,不是吗?雪下得很大,买雪铲的人肯定越来越多。"

"那也是!原来卖15美元,一夜之间涨到20美元,太过分了!"

"对啊!可能店主买来的雪铲本来就更贵,但那样可不行啊!"

宰俊和诗贤激动地喊道。

"看来,因为需求增加就提高价格是不公平的。"

娜老师说完，同学们异口同声地回答："就是啊！当然了！"

"没有别的意见吗？"

"一般情况下，雪铲不是卖不出去嘛。从五金店的立场来看，如果下了暴雪，当然应该高价出售雪铲。"听了娜老师的提问，景浩说。

"是啊，景浩的话也没错。如果需求增加，价格必然会上涨，这就是'看不见的手'。"

"那也太不公平了！店主也要为小区提供帮助啊，借此

机会大幅提高价格,感觉很自私。"在妍咬着牙说道。

"我们再想一个问题吧。我是经营小咖啡店的老板,有一个店员,时薪1万韩元。但是最近经济不景气,失业的人变多了,隔壁咖啡厅老板把店员的时薪下调到了8000韩元,我也把店员的时薪降低到8000韩元怎么样?"

娜老师问完,昌珉反问:"如果经济状况不好,咖啡厅的销售额也会减少吧?"

"不,咖啡厅生意很好。"

"店铺也很火,却降低职员的时薪,是不是太贪心了?"

"想要增加利润是不公平的!"

宰俊和圭贤皱着眉头说道。

"虽然销售额相同,但是失业者增多,即使时薪8000韩元,想在咖啡厅工作的人也变多了。如果把劳动力市场的价格看作是工资,不就说明供应多了,价格下降了吗?"

听了娜老师的话,在妍举手说道:"如果因为店铺情况不好而需要降低成本的话,可以向店员请求谅解降低一点时薪。但现在这样不公平!"

"对,也有这种可能。今天我们聊了很多,大家好像都有自己对公平的看法和标准,有相应的行动偏好。从合理的情况来看,需求增加价格就会上涨,失业者增多劳动力供给增加，工资就会下降是自然的。人们预测经济现象的时候，与其总是追求自己的利益，合理地行动，不如根据公平性行事，也要考虑到为他人着想。"

"我同意娜老师的意见。"圭贤补充说，"可口可乐公司制造了根据气温改变价格的自动售货机，受到批评也是因为这个原因吧。即使下暴雪导致雪铲需求增加，小区五金店也不能提高雪铲的价格。"

宰俊好像想到了什么，边举手边说："啊，你们知道橄榄球在美国很受欢迎吧？美国职业橄榄球大联盟（National Football League，NFL）总决赛'超级碗'（Super Bowl）！我几年前去过，预订酒店非常困难。即使提前好久预约，大部分也都满了。我们找了好几个地方，好不容易预约了一个地方。当时爸爸说，这么有人气，客房费却没有想象中那么贵。随着需求增多，价格也可以大幅提高，但之所以没有这样做，难道不是因为不想获得不正当利益，影响形象吗？"

宰俊说完，景浩也说："是啊。虽然贵但不会影响游客来看'超级碗'，但如果酒店形象不好，大家以后就不想再光顾了。从长远来看，收取高价可能会是损失。"

"听到宰俊的经历后，是不是感触更深了？正如景浩所说，酒店可能是因为从长远角度出发而没有提高价格。"

听了娜老师的话,在妍说:"和上一节课进行的实验也有关联。在实验中,我们表现出了互惠性,以善报善,以恶报恶。这不就是向往公平性的心吗?"

"今天在妍总结得也很好。在看待和预测经济现象时,除了合理性之外,还需要考虑很多因素。出台政策的时候也是,尤其是要将公平性考虑在内!今天是最后一节课,我们开比萨派对怎么样?"

听到娜老师的话,大家不约而同地喊了起来:"太好啦!"

> 经济概念小贴士

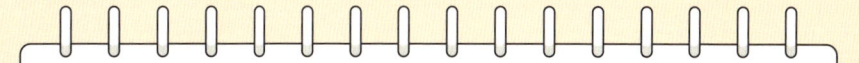

# 影响行动的因素有哪些？

**（1）人们的行动因文化背景而异**

通过各种实验，我们确认了公平对我们来说是一个重要的行动原则。对很多人来说，即使自己的利益减少也要处罚不公正的行为。那么，社会的文化或制度差异影响人们的行为吗？

带着对这一问题的好奇，包括约瑟夫·亨利希（Joseph Henrich）、罗伯特·博伊德（Robert Boyd）在内的众多学者以丛林中的 15 个狩猎采集部落为对象，进行了份额博弈。结果，多个部落之间出现了明显的差异。

秘鲁亚马孙河流域的马奇根加（Machiguenga）部落的提议者向参与者提议了平均 26% 的金额，这比实验经济班的平均提议率 33% 低吧？令人惊讶的是，即使提议者提议不到 20% 的金额，马奇根加部落也几乎没有人拒绝，据说 21 人中只有 1 人拒绝了。相反，印度尼西亚的拉玛莱拉（Lamalera）部落平均需要提议 58% 的金额才能达成交易。

为什么会出现这种差异呢？

从两个部落的文化中可以推测出答案。提议率非常低的马奇根加部落，据说大部分生活都是以家庭为单位进行的。部落内部几乎没有超越家庭单位的合作，是不需要很多相互合作行为的文化。拉玛莱拉部落以捕鲸为生，据说为了捕鲸，人与人之间的相互合作非常重要。两个部落合作文化的差异，是不是很好地说明了提议率的差异？

巴布亚新几内亚的奥（Au）部落和诺（Gnau）部落这两个部落的实验令人惊讶，有很多参与者拒绝了超过50%的提议。到底为什么拒绝提议呢？在他们的文化中，接受礼物意味着要承担一定要报答的义务。大份额的提议反而会让他们有负担所以拒绝了。

进行实验的学者们还发现，在各部落的经济生活中，相互交换现象较多的、存在市场经济因素较多的部落平均提议金额较高。是不是因为市场交易是一种合作体验，感觉到人与人之间的好意会回来，所以提议金额才会增加呢？通过这个实验可以发现，社会的文化或制度会影响人们的行为。

### （2）"高薪是礼物"的效率工资理论

现实生活中，有的餐厅店员对顾客非常亲切，有的餐

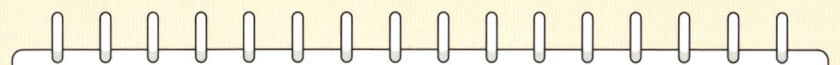

厅店员对顾客态度生硬。店员的态度有这么大差异的原因是什么呢?

虽然有可能是因为店员的性格特征不同,但我认为最重要的是工资的差异。高薪的员工认为不能失去这么好的工作,所以会努力工作。就像在实验经济班玩过的信任游戏一样,如果提议者给更多金额,参与者就会因为感激而回报更多。乔治·阿克洛夫教授称这样的结果为"礼物交换博弈"(gift exchange games)。如果拿到的工资比在别的地方多,人们就会把它当作礼物,更加努力工作。1914年,亨利·福特(Henry Ford)向福特汽车员工支付了两倍于平均工资的工资,由于员工的生产效率提高,生产成本反而减少,利润也因此增加了。

有些学者认为"胡萝卜"和"大棒"一起用会更好,并做了实验。为了让员工努力工作,采用高工资作为"胡萝卜"(礼物),如果发现员工不努力工作,就要给"大棒"(罚款)。有结果显示,使用"大棒"会降低"胡萝卜"的效果,送了礼物就应该坚持送礼物,如果再加上罚款,礼物的效果就会消失。

(3)公平的标准是什么?

我看到实验经济班的同学在引入处罚的公共财产游戏

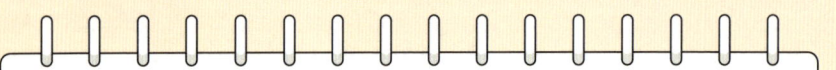

中，不惜花费自己的费用也要扣除自私的朋友的利润。人们的行为不仅受到自身利益的影响，还受到公平与否的影响。那么，什么是公平呢？

公平问题就是"如何分面包"。有人认为平均分配报酬（结果）是公平的，有人认为根据需要分配是公平的，还有人认为个人利益与自己的贡献成正比是公平的。个人利益与自己的贡献成正比，如果"A的报酬（结果）÷A的贡献"等于"B的报酬（结果）÷B的贡献"就是公平的。简单地说，就是付出多少努力就取得多少成果，这叫作"平衡性"。

但是，有人因为残疾或年龄太大而工作困难怎么办？如果说所有人都应该得到同样的报酬（结果），那又怎么办呢？即使你努力工作，取得了成果，但如果你认为那不是自己的成果，工作的热情也会下降。所以，以普遍的公平为原则，人们认为照顾社会弱势群体是公平的。

# 尾　声

希望大家都成长为冷静、理智、内心温暖的闪闪发光的人。

和实验经济班一起探索全球"经济森林"的故事怎么样？

我撰写了《少年经济学（全2册）》，留下了愉快的回忆，记忆中一起上课时做的各种实验一幕幕浮现在我的眼前。我把其中的对话和所有讨论过程都生动地融入这本书里，希望能够帮助大家更容易理解。

《少年经济学（全2册）》故事的开始，是所有经济问题的开始——"选择"。同学们参与艺术品拍卖、苹果买卖，同时也知道了自己利益最大化的选择是什么，还从各种实验的规则中得出了经济理论。就像亚当·斯密（Adam Smith）说的一样："我们的晚餐不是来自屠夫、酿酒商人或面包师的仁慈之心，而是来自他们对自身利益的特别关注。"

我们都有追求自身利益的本能，在这个过程中，体验了让价格自然达到均衡的"看不见的手"。我们要有能力分析生活中做出的无数选择，要考虑到那些尚未显示出来的成本，知道哪种选择对自己有利。

但是正如印度经济学家阿马蒂亚·森（Amartya Sen）所说，我们不能成为只考虑自己利益的"合理的傻瓜"，为了具备更宏观、更远大的视野，还要懂得选择"一起幸福的未来"。

就像故事中的同学们，通过经济实验和讨论，积极向上成长一样，希望你也能通过这本书培养冷静的理性和温暖的心，做出更加明智、无愧于心的选择。因此，希望读这本书的所有人都能成为拥有美好未来的闪闪发光的人。

# 少年经济学（全2册）

作者_[韩]金擎咏　　插画_[韩]郑珍炎　　译者_杨名

产品经理_赵鹏　　装帧设计_孙栎筠　　产品总监_陈亮　　技术编辑_丁占旭
责任印制_杨景依　　策划人_曹俊然

果麦
www.guomai.cn

以 微 小 的 力 量 推 动 文 明

〈최강의 실험경제반 아이들 - 대한민국 상위 1% 10대들의 특별한 경제 수업〉
Text copyright © Nayoung Kim 2022
Illustration copyright © Jinyeom Jeong 2022
All rights reserved.
Simple Chinese copyright © 2024 by Guomai Culture & Media Co., Ltd
Simple Chinese language edition arranged with The Angle Books Co., Ltd.
through 韓國連亞國際文化傳播公司(yeona1230@naver.com)

〈세계시민이 된 실험경제반 아이들 - 대한민국 최상위 10대들의 글로벌 경제 수업〉
Text copyright © Nayoung Kim 2022
Illustration copyright © Jinyeom Jeong 2022
All rights reserved.
Simple Chinese copyright © 2024 by Guomai Culture & Media Co., Ltd
Simple Chinese language edition arranged with The Angle Books Co., Ltd.
through 韓國連亞國際文化傳播公司(yeona1230@naver.com)

## 图书在版编目（CIP）数据

少年经济学：全2册 /（韩）金拏咏著；（韩）郑珍炎绘；杨名译. — 广州：广东经济出版社，2024.11.
ISBN 978-7-5454-9160-9

Ⅰ. F0-49
中国国家版本馆CIP数据核字第20240ZF068号

版权登记号：19-2023-355

策划编辑：吴泽莹
责任编辑：陈　潇　许　璐　黄玥妍
责任校对：陈运苗
责任技编：陆俊帆

**少年经济学（全2册）**
SHAONIAN JINGJIXUE (QUAN 2 CE)

| | | | | |
|---|---|---|---|---|
| 出 版 人： | 刘卫平 | | | |
| 出版发行： | 广东经济出版社（广州市环市东路水荫路11号11～12楼） | | | |
| 印　　刷： | 天津丰富彩艺印刷有限公司 | | | |
| | （天津市宝坻区新开口开发区雪花大道427号） | | | |
| 开　　本： | 880毫米×1230毫米　1/32 | 印　张： | 15.75 | |
| 版　　次： | 2024年11月第1版 | 印　次： | 2024年11月第1次 | |
| 书　　号： | ISBN 978-7-5454-9160-9 | 字　数： | 278 千字 | |
| 定　　价： | 98.00元（全2册） | | | |

发行电话：(020) 87393830
广东经济出版社常年法律顾问：胡志海律师
如发现印装质量问题，请与本社联系，本社负责调换
版权所有　·　侵权必究